# DEUX CÉLÈBRES INCONNUES

## De la même autrice

*La Démocratie à l'œuvre*
*Autour de Pierre Rosanvallon*
(avec Florent Guénard)
Seuil, 2015

*La Haine des clercs*
*L'anti-intellectualisme en France*
Seuil, 2019

TRAVERSE

SARAH AL-MATARY

# DEUX CÉLÈBRES INCONNUES

## LE MYSTÈRE JEANNE WEIL(L)

SEUIL

Ce livre est publié dans la collection
« Traverse »
dirigée par Ivan Jablonka

ISBN 978-2-02-151950-1



www.seuil.com

À ma sœur Nour, qui fait briller son nom

« Récompensez-la du fruit de son travail,
et qu'aux portes ses œuvres la louent. »

Proverbes 31,31

# PRÉAMBULE

Jeanne Weil (1849-1905) et Jeanne Weill (1859-1925) ont grandi au sein de la bourgeoisie juive lettrée. Elles portent le même nom, mais n'ont reçu ni laissé le même héritage.

En pleine guerre franco-prussienne, juste après la capitulation de Sedan qui entraînera la chute du Second Empire, la première a épousé civilement le docteur Adrien Proust ; de cette union sont nés un écrivain d'exception – Marcel Proust (1871-1922) – et un important médecin – Robert Proust (1873-1935). Fille d'un grand rabbin du consistoire envoyé en Algérie pour favoriser l'assimilation des « israélites indigènes », la seconde est restée officiellement célibataire, quoiqu'elle ait entretenu un intense compagnonnage avec l'helléniste Alfred Croiset (1845-1923), doyen de la Sorbonne. Sous un pseudonyme masculin – Dick May –, cette républicaine a voué son existence à l'action sociale. Elle n'a pas eu d'enfant, mais elle a créé plusieurs associations, conçu quantité d'articles, de fictions (les nouvelles recueillies dans *L'Affaire Allard* ; les romans *Le Cas de Georges d'Arrell*, *L'Alouette*, *Les Forces* ; les pièces de théâtre *Mère*, *Le Trône d'Arménie*, *La Courroie sans fin*), édité une revue universitaire (*Athèna*), coordonné une collection pionnière d'essais (la « Bibliothèque générale des sciences sociales »). On se souvient surtout qu'elle a administré le Collège libre des sciences sociales et l'École des hautes études sociales, des établissements d'enseignement supérieur libre non confessionnels notamment réputés pour leurs cours de journalisme.

Chacune des Jeanne Weil(l) professait des sympathies dreyfusardes, fréquentait les salons ; elles se croisaient sans doute dans le Paris de la Belle Époque, au rythme des rendez-vous mondains et des avancées scientifiques. Dick May se trouvait alors sous le feu de la rampe, et des critiques. Mais sa mort dans un mystérieux accident de montagne l'a ensevelie jusqu'aux années 1980, depuis lesquelles quelques spécialistes l'ont exhumée. En devenant Madame Proust, Jeanne Weil s'est quant à elle effacée devant son époux, puis son fils aîné.

L'une et l'autre homonymes nous échappent : qu'en sait-on vraiment ? Comment expliquer que leur mémoire se soit diffractée ? La misogynie, l'antisémitisme, le mépris pour les « bas-bleus » suffisent-ils à expliquer leur fortune contrastée ? Ce livre dépasse le constat de l'invisibilité des femmes, pour réfléchir aux processus de reconnaissance et de légitimité dans lesquels elles ont été prises sur le long terme, et qu'elles ont parfois elles-mêmes infléchis.

Dans *Une jeunesse de Marcel Proust*, Évelyne Bloch-Dano déclarait à propos de l'ouvrage qu'elle a consacré à Jeanne Weil[1] : « *Madame Proust* faisait un détour par la mère pour essayer de mieux capter la personnalité du fils. Je tiens que l'éclairage indirect est souvent plus propice à déceler les reliefs et les creux, l'ombre et la lumière. En déplaçant le projecteur, on fait varier les points de vue, on regarde avec des yeux neufs[2]. » Rapprocher Jeanne Weil – épouse Proust – et Jeanne Weill convertie en Dick May souligne parentés et contrastes. Il s'agit moins, en l'occurrence, de retracer leurs vies (leurs biographies ont déjà été écrites[3]) que de penser ensemble leur rapport à la religion, la famille, la culture. En les suivant, on apprécie à hauteur de femme comment s'articulaient le privé et le public sous la III^e^ République. Sorties de leur milieu d'origine avec la promesse d'une émancipation, elles se sont heurtées aux limites de leur propre corps, aux préjugés et au « plafond de verre ». Il reste pourtant trace de leurs combats.

Autour de 1900, moment charnière où se structure le partage entre les disciplines universitaires, Dick May promeut une conception du savoir qui intègre la littérature et les arts aux sciences sociales. Ses écoles accueillent des artistes et des conférenciers que Marcel Proust admire. Sur son terrain, Dick May accompagne en effet le mouvement intellectuel auquel Marcel Proust – dont la mère a soigné l'éducation – donne sa pleine amplitude dans *À la recherche du temps perdu*. S'élaborent ainsi en parallèle le roman « moderne » et ce qu'on appelle aujourd'hui les « SHS ».

Troisième terme d'une équation à deux inconnues, Marcel Proust complète, avec d'autres de ses contemporains (le philosophe Henri Bergson, le sociologue Émile Durkheim), le dispositif qui vise à redonner, par la comparaison, leur juste place à Dick May et Jeanne Proust. Ici, l'illustre écrivain s'éclipse (pour une fois !) devant celle qui l'a engendré, afin que la vie reprenne ses droits sur l'Œuvre. Sa présence se manifeste cependant à travers certaines références, ainsi que les considérations sur le biographique, la nomination, la mondanité, le rapport aux domestiques, le jeu sur les anagrammes, la tentation du renversement.

Nourrie d'archives inédites, l'enquête s'interdit d'inventer pour combler les lacunes, ou de confondre Jeanne Proust avec la « Maman » de la *Recherche*. Le récit s'organise autour de thématiques recouvrant une série de questions méthodologiques : à la période considérée, peut-on comparer des parcours de femme aux carrières que mènent les hommes ? Quel risque court-on à ausculter une personnalité adulée, ou au contraire honnie de tous ? L'immersion ne menace-t-elle pas l'objectivité de l'historien ? Dans les pages qui suivent, la réflexion sur la croyance – sentiment religieux, adhésion patriotique, fétichisme du travail, foi en la Littérature –, qui dut imprégner le quotidien des Weil(1), sous-tend également mes propres interrogations de citoyenne et de chercheuse, riche, comme les deux Jeanne, d'identités plurielles.

# Pierres

« Mme Adrien PROUST née Jeanne WEIL 1849-1905 » gît au Père-Lachaise sous un bloc de marbre noir qui a connu plusieurs vies. Dans cette France où le masculin l'emporte encore sur le féminin, le rappel de la qualité d'épouse souligne que Jeanne n'est plus une Weil, mais une Proust. C'est d'ailleurs comme telle que la mère de Marcel est passée à la postérité. Les siens, côté Weil, sont enterrés avec moins de sobriété dans l'ancien carré israélite.

La loi du 14 novembre 1881 rendant son élargissement impossible[1], les juifs ont ensuite été inhumés dans la 96e division. Là, un 14 août - anniversaire de son décès -, j'ai rendu mon propre hommage à une autre Jeanne Weil(l), venue au monde dix ans après Madame Proust, et décédée en 1925. Elle repose sous un nom qui n'est pas celui de son époux - un pseudonyme, Dick May[2]. Si plusieurs membres de sa famille ne partageaient pas son caveau, nul ne pourrait deviner que Dick May était une Weill ! Et qui imaginerait que c'était une femme ? Une femme dont, à la Belle Époque, la notoriété précédait celle de son frère Georges, historien, et de leur père Michel Aaron, grand rabbin. Dreyfusarde engagée dans le mouvement des Universités populaires, autrice de centaines d'articles, lettres, nouvelles, romans, pièces de théâtre, Dick May a édité une revue, coordonné une des premières collections d'essais en sciences sociales, inspiré et administré plusieurs établissements d'enseignement supérieur faisant la part belle à la littérature et aux arts.

## Mémoires divergentes

Beaucoup plus connue aujourd'hui que Jeanne Weill-Dick May, Jeanne Weil-Proust appartient au patrimoine national. Pourtant, elle n'a conçu d'autre œuvre que son fils. Différents travaux lui ont de ce fait été consacrés[3] ; le cahier où elle collectait des citations issues de ses lectures a même été publié[4]. Aucun texte de Dick May, dont on peine à reconstituer l'abondante production, n'a en revanche été réimprimé. Et les curieux qui ornent la dernière demeure de Jeanne Proust d'*ex-voto* ou y déposent des madeleines en l'honneur de son fils aîné – l'un des plus grands romanciers du XXe siècle – ignorent certainement qu'est enterré non loin un autre écrivain, portant le même nom que sa mère. La tombe de Dick May ne fait pas rêver, et personne n'a songé à en faire un objet de fiction[5]. Ni fleurs ni cailloux sur la dalle poreuse où le souvenir des Weill s'efface malgré la vigilance des employés du cimetière.

Au bureau des concessions, situé à quelques rues de chez moi, on m'avertit : « Nos services se chargent de l'entretien ; mais nous n'avons plus aucun contact avec les descendants depuis 1989, date à laquelle notre interlocutrice était déjà âgée. Laissez un mot expliquant sur quoi portent vos recherches, avec une enveloppe timbrée ; il sera envoyé à l'adresse dont nous disposons. » Quelques semaines plus tard, le 2 juin 2016, Micheline Triomphe, née Rocher – presque nonagénaire –, me téléphone. Cette traductrice chevronnée, jadis maître-assistante à l'université de Strasbourg, est la petite-nièce de

Dick May. Elle se confie : « À la maison, on parlait rarement d'elle car elle avait une réputation sulfureuse, mais j'ai toujours entendu dire qu'elle était quelqu'un d'important. » Un document qu'elle me transmet – le témoignage que son grand-père Georges Weill a consigné à destination des générations futures – le confirme : Dick May aurait « été de beaucoup la personne la plus remarquable de [l]a famille[6] ».

Pourquoi sa mémoire n'a-t-elle perduré qu'à l'état de traces chez ceux-là mêmes qui la chérissaient ? Que Dick May n'ait pas eu d'enfant ne suffit pas à expliquer que son souvenir se soit à ce point estompé. Sa disparition tragique en montagne – à 66 ans, elle gravissait le Petit mont Blanc – aurait pu l'ériger en symbole de l'ascension des femmes ; elle l'a au contraire plongée dans l'oubli.

## Faire œuvre



Partir à la recherche de Jeanne Weill-Dick May, c'est se demander ce que « faire œuvre » signifie pour les femmes de son temps. Dans cette quête, le parcours de Jeanne Weil-Proust offre plus qu'un contrepoint : car Dick May est devenue l'intellectuelle que Jeanne Weil aurait pu être... Dix ans séparent ces contemporaines, mais aussi tout un monde – quoiqu'elles fréquentent les mêmes milieux. Dans le cahier de Madame Proust mentionné plus haut, les éditeurs voudraient voir la matrice de ce monument résolument tourné vers l'avant-garde qu'est *À la recherche du temps perdu*. Or l'approche historico-sociale de la littérature qui est la nôtre aujourd'hui se formalise aussi chez Dick May, laquelle invite dans les établissements qu'elle a créés les penseurs qui inspirent Marcel Proust.

En suivant les petits cailloux que les deux Jeanne Weil(l) ont semés, j'ai trouvé mon propre chemin : celui d'une chercheuse qui, par son travail sur la fabrique de la réputation – et ce que cette *fama* dit de la visibilité des femmes –, se construit au croisement de la littérature et des sciences sociales.

# Clichés

Peu avant le centième anniversaire de la mort de Marcel Proust (1922), le musée Carnavalet a célébré sa réouverture en exposant le portrait en buste de Jeanne Proust par Anaïs Beauvais[1]. Ce tableau ornait jusqu'à présent le salon rouge de la

1. Anaïs Beauvais, *Madame Adrien Proust*, vers 1880

« Maison de tante Léonie » à Illiers-Combray – lieu dédié à la mémoire de l'écrivain qui, enfant, y passait régulièrement les vacances. La brochure que la Société des amis de Marcel Proust et des amis de Combray a consacrée à cette pièce maîtresse fin 2021 associe au peintre et à son modèle[2] une troisième femme, la restauratrice Colombe Durel. Plusieurs des photos[3] détaillant l'entreprise la saisissent dans l'exercice de son art : « reprise d'accidents », « décrassage », « comblement » et « réintégration des lacunes ». Mieux que le Botox.

## La « belle » et la « bête »



Immortalisée dans la fleur de l'âge, Jeanne Proust a une trentaine d'années sur cette toile. Une carnation éclatante, une mèche couleur jais font oublier que l'ovale du visage s'alourdit chez la mère de famille dont l'aîné, Marcel, a presque dix ans. Sa sensualité discrète est estompée par la mélancolie. Cette représentation évoque celles de la « Belle Juive[4] », ainsi que le propre époux de l'artiste – l'orientaliste Charles Landelle – les peignait[5]. C'est sous ces traits que les visiteurs découvrent aujourd'hui Madame Proust, à laquelle les restaurateurs ont offert « une nouvelle jeunesse[6] ».

Ayant essentiellement survécu à travers les témoignages de ses contemporains, Dick May est moins bien lotie. Robert Dreyfus – l'un des plus anciens camarades de Marcel Proust[7] –, qui appréciait son humeur « si vive et si positive », la décrit comme « une noiraude petite fée, toute frétillante, avec une chevelure de Salomé intellectuelle qui embroussaillait son fin visage bistré, et des yeux incroyablement perçants et mobiles[8] ». Fidèle à leur passé commun aux Universités populaires, Dick May lui a ouvert l'École des hautes études sociales[9] : « Nul ne résistait aux suggestions insinuantes mais impérieuses de sa voix menue et martelée. Je lui offrais une conférence, elle en voulut dix[10] », ajoute R. Dreyfus. Apparemment « indifférent » à « [s]a propre judéité[11] » bien que son oncle maternel ait siégé au consistoire de Paris, il ne semble pas réaliser qu'il mobilise des poncifs sexistes et antisémites (animalité, exotisme, avidité, castration symbolique - dans les Évangiles, parce que Salomé a été manipulée par sa mère, on coupe la tête d'un prophète). Romain Rolland ne se montre pas plus délicat lorsqu'il se souvient du bel accueil que Dick May lui a réservé à l'École des hautes études sociales :

> Je fis partie, pendant plusieurs années, du conseil de direction de cette ruche de cours, dont la reine abeille était une étrange reine de Saba, qui avait pris pour nom de plume Dick May, une petite guenon noiraude, coiffée d'une perruque embroussaillée, où son chapeau était vissé, avec la voilette sur le nez, qui se trémoussait, en grimaçant, qui était, au-dehors, toute agitation ; et, au-dedans, néant aride, absolu, sans intérêt vrai ni compréhension pour ce qui se faisait, quoi que se fît, dans sa maison, réussissait à y grouper et faire travailler, *gratis pro Deo*, des équipes de grands professeurs de la Sorbonne, du Collège de France, des sommités de l'art et de la science. [...] Elle avait le génie fébrile de l'organisation et le démon malicieux d'assujettir ensemble les plus contraires, et de préférence les plus récalcitrants au joug[12].

Chacun y va de son anecdote, souligne tel détail censé valider le microrécit à charge. Si les propres collaborateurs de Dick May osaient s'exprimer ainsi, comment la dépeignaient ses ennemis politiques ! Las, c'est sur le nombre et la concordance des témoignages que se fondent les réputations, et la médisance appelle la médisance...

## S'attacher à une femme détestée

Les anthropologues et les historiens du XXe siècle ont réfléchi aux conséquences scientifiques de leur hostilité envers les populations qu'ils étudiaient, ou aux « questions morales et éthiques soulevées par les objets de recherche politiquement "détestables"[13] ». Mais comment se positionner lorsque la personne à laquelle on consacre l'essentiel de son temps suscite en soi une forme d'empathie que contredit l'animosité générale de celles et ceux qui l'ont fréquentée ? La récurrence des jugements négatifs sur Dick May explique peut-être – sans m'excuser – que, la première fois où j'ai vu une photo d'elle, je l'ai trouvée, moi aussi, laide... Le cliché, conservé au Mundaneum de Mons[14], remonte aux vacances que Dick May et sa mère ont passées en 1901 dans la station suisse de Flims, avec Henri et Léonie La Fontaine, tous deux pacifistes et féministes.

2. Dick May en compagnie de sa mère Madame Weill et de Léonie La Fontaine

Dick May, la quarantaine, pose au milieu des arbres avec sa mère et Léonie. Ces dernières, assises sur un banc, jambes croisées, fixent Henri – derrière l'appareil – tandis que Dick May, debout une main sur la hanche et l'autre repliée un doigt sur son cou, regarde ailleurs. Le geste, étudié, témoigne d'une habitude de la photographie. L'élégance de Jeanne détonne, dans ce cadre naturel : une blouse sombre fronce sous sa robe-manteau corsetée par une ceinture à large boucle. Rien de froufrouteux, pas de dentelle ou de fourrure ; du tartan semé de boutons métalliques. La voilette du canotier laisse entrevoir un visage fatigué, mais plein d'énergie. Sa tenue le prouve : Dick May n'a rien d'une effacée. Même en excursion, elle soigne son apparence. Que penser, alors, des griefs que ses détracteurs associent à la prétendue négligence de sa mise, cette dernière étant supposée aller de pair avec un oubli de soi – une attitude peu convenable marquée par des sautes d'humeur, un franc-parler, des « mouvements indécents » et une « coquetterie effrénée[15] » ? Mal fagotée, Dick May, ou victime d'un préjugé touchant plus généralement les vieilles filles et les intellectuelles ? « Toquée[16] » ? Non : excentrique, au sens propre. Si Dick May est folle, ainsi qu'on l'a laissé croire, c'est de la République, comme beaucoup de ses connaissances, Juifs d'État décrits par Pierre Birnbaum[17].



## Relativité des jugements esthétiques

Il a fallu qu'un collègue, à qui je montrais cet instantané, me dise qu'il trouvait Dick May distinguée, et même assez piquante, pour que je remette en question mon propre jugement. Peu importe, bien sûr, que l'apparence de Dick May ait été agréable ou non. Comment, d'ailleurs, mesurer la beauté, dont les critères diffèrent selon le lieu et l'époque ?

Ni « la Belle Otero » ni la sculptrice et salonnière Laure Hayman, jugée éblouissante – l'une des inspirations de la demi-mondaine Odette de Crécy dans *À la recherche du temps perdu* (elle avait été la maîtresse de Louis Weil, le grand-oncle de Marcel Proust, puis de son père, Adrien Proust) –, ne correspondent aux standards actuels. J'avais donc intériorisé les représentations stéréotypées diffusées par les contemporains de Dick May. Et oublié que, lorsqu'on cherche à discréditer une femme de tête, on la prétend laide. Louise Michel, elle non plus, ne regardait pas l'objectif.

Qui s'intéresse au discours axiologique entourant les représentations sociales de la beauté ne peut conclure que, à la fin du XIX^e siècle, une supposée laideur interdit seulement aux femmes l'accès à la notabilité intellectuelle. Gérard Noiriel a montré la part que prenaient les considérations sur le « physique » des postulants au doctorat, à une époque où, « parce que l'objectivation des identités personnelles – *via* les papiers d'identité ou les "dossiers" administratifs – est encore faible, [...] le jury et les rapporteurs accordent une importance considérable à tout ce qui dans le comportement peut être interprété comme un "signe" » de « sincérité », et donc de loyauté envers la fonction publique républicaine. Cette loyauté est alors rapportée à « la cohérence globale entre [l']aspect physique [de l'impétrant] et son "caractère" », sur le modèle physiognomonique hérité de Johann Kaspar Lavater. La caractérologie nationale en vogue autorise en outre les rapporteurs à insérer des remarques qui nous paraissent aujourd'hui, sinon parfaitement racistes, pour le moins déplacées[18]. Dans les descriptions caricaturales de Dick May, tout n'est donc pas à mettre sur le compte de l'antisémitisme ou de la misogynie.

En dernière instance, l'argument de la beauté est utilisé pour valoriser un individu. Ainsi les critiques littéraires magnifient-ils, aujourd'hui encore, les traits du jeune Proust, le considérant « beau pour l'époque, beau pour ses camarades[19] », vantant ses « grands yeux sombres » ou sa « bouche sensuelle[20] ». Jean-Pierre Sirois-Trahan croit reconnaître « l'ovale parfait de son visage d'ivoire[21] » dans un film 35 mm tourné en 1904 à l'occasion d'un mariage où Proust était invité ; et une reproduction du célèbre portrait de l'écrivain par Jacques-Émile Blanche inspire ce commentaire à Serge Doubrovsky, dans une de ses autofictions : « Moustaches et cheveux noirs, très fins, intelligence suprême des yeux, du visage à l'ovale parfait. Très beau. Le génie en plus[22]. » Osera-t-on avouer pourtant que l'intelligence du regard n'y est pas frappante ? Par une étrange permutation, tout fonctionne comme si, dans nos imaginaires, l'utopique beauté du fils s'était transmise à la mère ; et on se garde bien de commenter l'empâtement de Jeanne Weil-Proust sur les tirages que fit Paul Nadar en 1904, quelques mois avant son décès[23]. Sujette à des affections gynécologiques, opérée d'une tumeur qui lui vaut une ablation de l'utérus, percluse de rhumatismes, en proie à de « douloureuses crises » « qui la forcèrent à faire venir en pleine nuit[24] » le médecin, Jeanne Weil-Proust a vécu des années de souffrance qu'ont recouvertes, pour la postérité, les quintes de toux de son fils.

Alors que Madame Proust relevait en chignon sa chevelure tressée – les photos d'elle à différents âges en témoignent –, Dick May s'amuse de ses propres « cheveux pas très épinglés[25] ». Sans égard pour celle qui l'a toujours si bien traité, le socialiste Georges Renard juge « ahurissa[ntes] » ses coiffures de « roi assyrien » (elle a les cheveux crépus[26]), et rapporte qu'un cocher avec lequel elle s'était sans doute agrippée lui avait prêté « plus de poil que de bête[27] ». Cette obsession de la pilosité[28] – fût-elle sublimée dans la coiffure – traverse les imaginaires xénophobes, où le cheveu crépu devient un marqueur de la judéité. Mais dans la correspondance rédigée par Dick May, les « antisémythes » sont renversés, puisque c'est elle, intellectuelle écrasée de travail et harassée par les voyages, qui apparaît comme un anti-Shylock risquant d'y laisser « quelques onces de chair et quelques poignées de cheveux[29] ».

3. Jeanne Proust, tirage de travail de Paul Nadar

Les lettres que Dick May adresse à ses correspondants – hommes et femmes – la révèlent soucieuse de sa toilette, contrairement à ce que laissent entendre certains observateurs. Elle remercie par exemple avec effusion Louise Renard – l'épouse de Georges, cité plus haut – de lui avoir expédié, en guise d'étrennes, une de ces « boucles de ceinture [pour lesquelles elle a] une très frivole faiblesse[30] », et promet de la mettre pour la réouverture toute proche des salons. Est-ce cette magnifique boucle qu'elle porte sur la photo prise lors de ses vacances en Suisse ?

## Albums photo

Célibataire sans enfant, Dick May n'a pu prétendre aux photographies qui suivaient la noce, ni poser avec sa progéniture comme l'a fait Jeanne Proust. Et on l'imagine mal se satisfaire, à sa manière, d'une prise de vue qui lui déplaît, parce que les hommes de son entourage la trouvent réussie[31]. De ce bourreau de travail, reste donc un souvenir de vacances... À ce jour, il n'existe apparemment nulle image de Dick May dans les locaux des structures d'enseignement qu'elle a contribué à fonder, alors qu'un portrait du comte de Chambrun, qu'elle a assisté, siège encore à l'entrée du Musée social, ou que son partenaire Alfred Croiset est saisi dans ses fonctions de professeur et doyen : des cartes postales l'ancrent dans l'amphithéâtre Richelieu de la Sorbonne, comble[32].

Quelques photographies de Dick May, plus âgée, nous sont parvenues. L'une figure en couverture du livre que Mélanie Fabre lui a dédié ; la trame graphique évoque l'effacement que la fondatrice de l'École des hautes études sociales a subi avant d'être remise en lumière. Ce portrait, m'explique Patrick Dombrowsky qui l'a fait connaître, appartenait à Suzanne Barthes (née Weill), une nièce de Dick May habitant sur ses vieux jours rue Vavin, à Paris[33]... À l'occasion d'une de ses visites, sachant que P. Dombrowsky enseignait dans deux établissements parisiens se réclamant de Dick May – l'École supérieure de journalisme et l'École des hautes études internationales et politiques –, la famille avait encadré ce cliché qui ne trônait peut-être pas d'habitude dans le salon. Qui donc possède aujourd'hui l'original, où Dick May a la même tranquille assurance qu'à 40 ans, mais les cheveux poivre et sel coupés court, et les épaules découvertes ? Je n'ai pas résolu cette énigme. Mais le 1er janvier 2024, alors que le tapuscrit de ce livre était achevé depuis plusieurs mois, Pierre – le fils de Micheline Triomphe, arrière-petit-neveu de Dick May – m'envoyait par SMS, avec ses bons vœux, la photo d'un médaillon contenant un portrait de cette dernière, à peine plus jeune. Séjournant en famille pendant les fêtes, il l'avait déniché dans un carton.

4. Dick May

Féru de photographie, Marcel Proust conserve religieusement les poses de sa chère maman, comme il

« collectionn[ait] les portraits des femmes qu'il aurait voulu aimer[34] ». Il ne se défait pas de la toile peinte par Anaïs Beauvais – même si, après son déménagement boulevard Haussmann fin 1906, il la relègue au salon, n'ayant pas le courage de garder dans sa chambre un portrait où Jeanne Proust ressemble à cette femme « si incroyablement rajeunie par la mort[35] ». À sa domestique Céleste Albaret, éprouvée par la perte de sa propre mère, il demande de loin en loin d'ouvrir le tiroir où repose une photographie de Jeanne ; la seule fois où il la fait « dresser [...] sur l'angle de la cheminée, pour lui permettre de la voir de son lit », il exige qu'on l'enlève au bout de « deux ou trois jours » : « Voyez-vous, aurait-il dit à Céleste, on s'habitue, et l'habitude empêche que l'on ressente comme on le doit le souvenir des êtres et des choses[36]. »

Quoiqu'il aspirât à une profondeur que les rituels commémoratifs ne pouvaient offrir, l'auteur de la *Recherche* sacrifiait à la visite rituelle chez le photographe. Sans doute certains clichés alors pris se sont-ils retrouvés dans un de ces albums de famille qui exposent une double généalogie, biologique et généalogique, depuis que la bourgeoisie conquérante aspire à la « légitimation historique[37] ». Différentes collections, particulières ou publiques, permettent de reconstituer cet album de famille que Roland Barthes avait songé à intégrer à son séminaire du Collège de France[38] après avoir consulté le catalogue de l'exposition « Le monde de Proust » montée par Anne-Marie Bernard[39].

Mais où sont passés les portraits de la famille Weill ? Même le visage du patriarche, le grand rabbin Michel Aaron Weill, n'est pas connu. Était-il réticent à l'idée qu'on représente sa propre image, contrairement à son confrère Zadoc Kahn, qui fréquentait les ateliers Nadar ? Les traits de Georges Weill, le frère de Dick May, sont mieux fixés : le voilà, fraîchement entré à l'École normale supérieure, avec ses camarades de la promotion 1883[40] ; on peine à mesurer la ressemblance avec sa sœur, qui elle n'apparaît sur aucune photo de classe, n'ayant vraisemblablement pas eu accès aux études supérieures.

5. Georges Weill et les normaliens
de la promotion « Lettres », 1883
(G. Weill est le deuxième à partir de la droite
au deuxième rang)



La parenté entre le frère et la sœur s'avère par contre frappante sur une photo de Georges, plus âgé : leur complicité se lit jusque sur leurs traits[41].

J'ai cherché, en vain, des photos du salon de Dick May rue Victor-Massé, dans le quartier Saint-Georges, près de Montmartre, où elle reçut au moins pendant deux décennies, « n'os[ant] rien changer, parce que les amis s'y trouv[ai]ent bien[42]... ». Le seul album où j'ai trouvé trace de Dick May appartient à l'étrange collection

6. Georges Weill



constituée par René Laruelle. La notice que lui consacre la Bibliothèque nationale de France indique que, pour pallier « quelque déception dans le commerce des femmes », ce dernier aurait constitué un « "Mémorial des Dames"[43] » en plus de 250 volumes, énorme *scrapbook* où sont collés photos, coupures de presse, lettres et autres documents sur des personnalités de tous les pays, la plupart artistes, certaines féministes et révolutionnaires. Dick May figure au tome 198, *Portraits de femmes. Juives*, au double titre d'« auteur israélite » et de « fille du grand rabbin d'Alger », entre la baronne Bettina de Rothschild et la comédienne Marthe Brunswick, dite « Brandès »... Elle n'a droit qu'à la petite photo qui illustre, dans *Ève. Le premier quotidien illustré de la femme*, la rubrique nécrologique « Celles qui s'en vont[44] ». Ses dates d'existence (« 1857-1915 ») sont erronées, son pseudonyme mal recopié (« Dyck May »), et elle est présentée comme une « philanthrope[45] » – pour son implication à l'Orphelinat des Armées pendant la Grande Guerre, ou simplement parce que René Laruelle s'imaginait que c'était le lot des filles de notables… Cette étiquette de philanthrope n'est pas, en soi, péjorative, mais elle relègue la militante républicaine à une activité tenue pour féminine, alors que ses engagements sociaux ne se limitaient pas aux missions d'assistance.

La photo, de piètre qualité du fait de l'impression périodique, rend certes grâce à l'élégance et à la vivacité de Dick May, tout sourire. Mais j'avais espéré autre chose… Pourquoi chercher à ce point à l'incarner, au lieu de se contenter de l'autoportrait que brosse la correspondance ?

# Un nom à soi

Ni Jeanne Proust ni Dick May n'ont survécu sous leur patronyme. C'est lui, pourtant, qui a rendu possible leur rencontre, un siècle plus tard. Je les ai d'abord confondues. Il faut dire que les variantes du nom de Weil – Veil, Veyl, Wail, Weihl, Weill, Weyhl, Weyl, entre autres[1] – brouillent les pistes. En Alsace, d'où sont originaires les ancêtres de Madame Proust et de Dick May (les Weil ont leurs attaches à Niedernai, à moins de vingt-cinq kilomètres de Sélestat, fief des Weill), dès avant la Révolution française, c'est ainsi qu'une forte proportion des Juifs se nomme[2]. Weil serait l'anagramme de « Lévi », et donc le signe d'« une origine sacerdotale[3] ». C'est aussi un toponyme : celui, notamment, de la commune aux alentours de Stuttgart d'où proviennent les aïeux de Jeanne Weil.

## Tant de Jeanne Weil(l) !

Les israélites partagent alors les prénoms du reste de la population française. Victor Hugo n'est pas le seul heureux grand-père d'une Jeanne et d'un Georges. Chez les Weil, Georges est l'aîné et Jeanne la cadette ; chez les Weill, c'est l'inverse... La bourgeoisie juive adopte les pratiques en vigueur dans le pays, et choisit volontiers un prénom usuel répandu :

« Jeanne », qui ne compte pas encore parmi les dix prénoms féminins les plus donnés entre 1840 et 1849 – année à la fin de laquelle naît Madame Proust –, bondit à la deuxième place pendant la décennie suivante. Quand Dick May voit le jour, il est le plus courant[4], assorti à des petites filles qu'on aimerait modèles ! Un prénom supplémentaire confirme leur intégration : Clémence pour Madame Proust ; Rosalie pour Dick May. À la maison, l'une et l'autre répondaient-elles à un nom juif, comme leurs parents ? Chez les Weil, le patriarche s'appelle Nathé ; le rabbin Michel Aaron Weill voit, lui, son deuxième prénom souvent réduit à l'initiale, et sa femme Ève est dite Henriette...

Dans les archives, les Jeanne Weil(l) abondent. Un mariage, une illustre maternité préservent Madame Proust de l'enfouissement. Mais son enfance et son adolescence échappent, même si l'on a retrouvé le sujet qu'elle a traité à certain examen. Comme Dick May, Jeanne Weil a dû recevoir un substrat d'instruction dans le cadre d'un cours privé, peut-être à domicile, l'atmosphère y étant propice au débat d'idées. Toutes deux savent l'anglais, l'allemand, ce qu'il faut de langues anciennes, la musique, en demoiselles respectables. Aucune ne semble avoir pu accéder au supérieur – rien d'étonnant, pour l'époque –, et les espoirs suscités par la présence d'une Jeanne Weill parmi les rares agrégées de la fin du XIX^e^ siècle se sont dissipés dès qu'il est apparu que cette sévrienne, admise en mathématiques, avait convolé en justes noces[5].

## Changer de nom et d'état

Jeanne Weil épouse son nouvel état sans ressentir, semble-t-il, la gêne que suscitera chez son fils le nom « peu harmonieux » de Proust. Éventant sa misogynie et son antisémitisme, le comte de Montesquiou tirera de Madame Proust matière à calembour. Il la peint en sorcière dans « Purgonde », surnom façonné en souvenir d'un médecin moliéresque dont la dureté n'a d'égale que les entourloupes de son épouse : « Partager dignement le nom d'un très gros pet / Qui n'a pas de talent, mais un certain toupet, / C'est sa gloire. Ce Prout est docteur d'importance[6]. » Si Marcel « se réfugie dans son prénom[7] », Jeanne signe « J. P. » beaucoup de ses courriers, y compris ceux qu'elle adresse à sa douce progéniture. Mais elle sort ses plumes d'une écritoire Second Empire gravée à ses anciennes initiales, relique de sa vie rue du Faubourg-Poissonnière, avec le vieux lit de palissandre, le bureau marqué de cuivre, et le linge serré dans des armoires parfumées. Car seul le trousseau « perpétue [alors] [le] *nom* [de la jeune fille], sa marque indélébile à tout lessivage comme l'est celle du sang[8] ».

Quoique la future Dick May ait dû, adolescente, sacrifier au rite du chiffrage, c'est son papier Stern et non son linge qu'elle chiffre de rouge. Un monogramme « DM » (également décliné en noir moiré) orne ses cartes et ses feuillets personnels. Au bas figurent « Jeanne », « Jeanne Weill », « J. », « J. W. », « Dick May », « D. May », « Dick », sans que le choix semble systématisable, l'épistolière signant différemment les lettres qu'elle envoie à un même correspondant, et utilisant aussi bien son nom de jeune fille que son pseudonyme lorsqu'elle écrit pour affaires, sur un papier institutionnel. Dans une lettre difficile à dater, le « J. », raturé, ressemble à un « D. »... À partir de janvier 1900, l'expéditrice n'appose plus « Jeanne Weill », mais continue d'utiliser le parafe « J. W. » avec le sociologue Gabriel Tarde. Après le 26 février 1903, toute référence à l'état civil disparaît.

Le dédoublement de Jeanne Weill en Dick May la rend très difficile à identifier au sein de fonds où elle est tantôt classée à Weill, tantôt à May ou à Dick, quand ses papiers ne sont pas tout bonnement rangés sous le chapeau des institutions qu'elle a animées... L'École des hautes études sociales se confond alors parfois avec la plus récente École des hautes études en sciences sociales (EHESS) ou avec sa voisine l'École pratique des hautes études, appelée dès le XIXe siècle « École des hautes études ». Ailleurs dans la documentation, à de rares exceptions, Dick May éclipse Jeanne Weill.

## Des déformations plus ou moins malveillantes

Son nom de jeune fille, lorsqu'il est rappelé, est couramment écorché. D'aucuns, plus habitués sans doute au pseudonyme, en ignorent la graphie exacte. Georges Renard, critique et militant socialiste qui a pourtant entretenu avec Dick May un semblant d'amitié, écrit dans ses Mémoires : « C'est une Juive (son nom est Weil) au teint pâle, aux yeux ardents, à la langue bien pendue et volontiers pointue[9]. » D'autres déforment délibérément un nom devenu synonyme de judéité, ainsi qu'en témoigne à l'époque une chanson d'Henri Fursy[10]. Les antisémites se font pour longtemps une spécialité de ces altérations. En 1900, lorsque les *Archives israélites* annoncent que « Mlle Dick-May (*alias* Veil) » coordonnera le Congrès de l'enseignement des sciences sociales, *La Libre Parole* reformule avec fiel : « Les Youtres à l'Exposition. [...] Au Congrès de l'Enseignement des Sciences sociales, les yeux seront charmés par Mlle Dick-May (*alias* Veil)[11]. » Des années plus tard, *L'Action française* mêle toujours le vrai et le faux :

> Mme Dick May est, nous dit-on, la fille d'un rabbin de Lunéville. Elle s'appellerait en réalité Mme Zélie Weill. Dreyfusarde fanatique,

> comme tous ceux et toutes celles de sa tribu, elle ne manquerait ni d'intelligence ni même d'une certaine valeur littéraire. Le rôle prépondérant qu'elle a pris dans notre Faculté des Lettres n'en serait ainsi que plus dangereux[12].

L'Action française semble mieux informée qu'elle ne le prétend : car sous le délire (Zélie, prénom usité dans les milieux diasporiques), on peut imaginer la dénonciation du zèle de Dick May, voire la connaissance de son autre prénom, Rosalie, que ne devaient employer que les familiers. Le philosophe Pierre Lasserre, farouche adversaire de Dick May qu'il avait côtoyée dans sa jeunesse à l'époque où il intervenait aux Universités populaires[13], a peut-être vendu la mèche... Quoi qu'il en soit, on s'évertue à faire oublier que Dick May se prénomme Jeanne, comme la Pucelle d'Orléans fraîchement béatifiée. Le processus d'assimilation des juifs en France s'en trouve gommé.

À l'extrême gauche aussi, tous les coups sont permis. L'hebdomadaire libertaire *Les Hommes du Jour* accuse Dick May de collusion avec l'ennemi, tout en l'accablant de clichés antisémites :

> Une femme [...] dirige – occultement [l'École des hautes études sociales] et [...] sur les affiches s'intitule : Dick May, secrétaire général. Mlle Dick May s'appelle, en réalité, Mlle Rose Lévy. Le secrétaire de l'école, qui, très modestement, se dénomme : Pierre Marcel, est, en réalité, M. Lévy[14].

L'historien de l'art Pierre Marcel (né Pierre-Marcel Lévi en 1878) se contente pourtant d'épauler Dick May dans ses tâches administratives...

S'ensuivent des confusions répétées, mais pas nécessairement malintentionnées : on croit Dick May, qui s'est illustrée dans l'action sociale, fille de la philanthrope Eugénie Weill, qui crée la section d'assistance du Conseil national des femmes françaises[15]. Eugénie Weill est pourtant plus jeune que Dick May ! Cette dernière est si active dans le mouvement des Universités populaires qu'on la prend aussi pour Emmeline Weill, cofondatrice de L'Éducation sociale de Montmartre[16]. Surtout, son engagement dreyfusard lui vaut de passer pour la belle-sœur de Bernard Lazare, l'un des premiers à avoir défendu le capitaine dégradé. Or c'est la fille de l'éditeur Louis Henry May, Ida Henriette Marguerite, qu'a épousée le frère de Bernard Lazare[17] !

## Pourquoi prendre un pseudo ?



Attaques et équivoques ne suffisent pas à expliquer que Jeanne Weill ait pris un pseudonyme quand ses semblables prenaient un mari. Ce choix peut répondre à la volonté de se distinguer des autres Weil(l), nombreux dans la sphère intellectuelle. C'est ce que suggère le pli du 5 janvier 1899, où l'épistolière recommande à Gabriel Tarde d'aller voir Jules Lemaitre de sa part : « Me désigner par mon prénom en même temps que par mon nom, ou par mon pseudonyme, car il connaît, je crois, d'autres W...[18]. »

Pour être efficace, un nom de plume doit être court, incisif, sonner bien. L'anglais, en vogue dans la bonne société – Robert, le frère de Proust, n'est-il pas surnommé Dick, quoique ce soit là plutôt le diminutif de « Richard » ? –, séduisait déjà une écrivaine comme George Sand. Jeanne Weill joue volontiers de cette anglomanie avec ses correspondants francophones : « Thank you, dear madame, very much, and sincerely *yours*, Dick May[19]. » Parce que, « en journalisme, une signature doit avoir une physionomie propre qui se grave dans l'œil du lecteur », elle s'assure que la sienne trône « en capitales uniformes[20] » dès 1889, où ces monosyllabes trempés d'encre clôturent, outre une préface à un volume de Clarisse Bader, deux courtes fictions et un article[21] bien placés dans la presse. Tout laisse croire que c'est *via* la nouvelle « Un pauvre » que Dick May se baptise en mettant en scène, à la première personne, un certain « Georges May » qui ne se comporte pas en héros. Volontairement retardée dans le texte, la révélation de ce patronyme déjoue l'identification entre l'autrice et le personnage, et suggère peut-être qu'une femme se cache derrière ce nom imaginaire.

Dick May ne se départira jamais de sa nouvelle identité publique. D'où la tire-t-elle ? Le comte Joseph Dominique Aldebert Pineton de Chambrun (1821-1899), un industriel philanthrope devenu aveugle, l'aurait encouragée à prendre un pseudonyme masculin qui lui donnerait les coudées franches, sans contrarier la discrétion attendue des femmes. Il lui aurait peut-être même soufflé celui qu'elle a choisi[22]. Et s'il lui avait transmis, à sa manière, l'héritage de son maître Frédéric Le Play (1806-1882), ingénieur catholique passionné de réforme sociale, dont le nom contient presque toutes les sonorités de « Dick May » ? Martine Reid stoppe mes rêveries onomastiques : elle rappelle que George Sand avait elle aussi réduit son rôle dans le choix du pseudonyme, l'imputant à Henri Delatouche : « comme il l'a[vait] fait pour un certain nombre d'autres jeunes acteurs de la scène littéraire », ce « mentor et [...] père de substitution », « homme de presse, c'est-à-dire de pouvoir, donne[rait] accès à la littérature – par le nom[23] ». Rien n'empêche que Dick May, sensible aux idées leplaysiennes à ses débuts, n'ait incorporé cet héritage commun. L'hypothèse leplaysienne me séduit bien plus que le rapprochement, avancé par des collègues, avec Charles Dickens et Karl May[24], ou la réunion de Dickens et de Henry Mayhew[25]. Tant qu'à faire, pourquoi ne pas accepter que la réponse se trouve dans *La Chaîne de marguerites* (1856) de la Britannique

Charlotte Mary Yonge, qui met en scène un docteur Dick May[26] ? Ce roman – l'un des plus connus de Yonge, écrivaine prolixe aimée des dames – a été traduit quelques mois avant que Jeanne Weill ne se métamorphose... Autre conjecture : la référence possible à un récit humoristique de Francis-Alphonse Wey, *Dick Moon en France, journal d'un Anglais de Paris* (1862). Dick May joue peut-être sur la proximité du nom de Wey avec son propre patronyme, ainsi que sur l'inversion « Anglais de Paris » / Parisienne ayant choisi un nom anglais. L'ouvrage, paru chez Hachette en 1862, rencontre un certain succès puisqu'une édition augmentée est publiée l'année suivante. Peu importe finalement ce qui a motivé Dick May... Comme le conclut Martine Reid à propos de George Sand : « [...] les pistes sont multiples et font du pseudonyme un indice riche et diversifié. Inutile de chercher à trancher, de préférer telle interprétation à telle autre. Tous ces éléments fonctionnent ensemble[27] ».

Autorisons-nous donc un postulat : contrairement à d'autres autrices, Dick May ne conserve aucune trace de ses nom et prénoms d'origine. Même lorsqu'elle dédicace *L'Alouette* (1898) à son petit frère, l'envoi est signé « Dick May[28] ». Certains ont vu dans cette transmutation pseudonymique un meurtre symbolique du père[29] et, au mieux, un bouclier contre un antisémitisme galopant, au pire, un reniement de la judéité comparable à celui de Gilberte Swann, devenue dans la *Recherche* « G. S. de Forcheville ». Je crois au contraire que « May » préserve discrètement la judéité : ce prénom hébraïque forme en effet un patronyme répandu. Dans l'adoption de May, je lis enfin la révolte d'une femme qui refuse que le mariage ait effacé le nom de sa mère, Marx. Si on l'admet, la référence à l'écrivain allemand Karl May fait alors potentiellement signe vers un autre Karl – Marx, auquel Dick May est apparentée.

# La sainte famille

En 1892, dans l'une des premières lettres qu'elle échange avec Louise et Georges Renard, Dick May propose, s'ils lui rendent visite à son domicile, de leur « montre[r] un beau portrait de Karl Marx, dont [elle est] fière d'être la cousine[1] ». Sa mère, Ève *Henriette* Marx, née à Sélestat le 9 octobre 1826, est cousine germaine de Karl Marx par son propre père, Jacobus Marx, frère de Heschel (Heinrich) Marx. Cette illustre parenté dont Dick May espère tirer prestige face à l'ancien communard Georges Renard, exilé en Suisse, n'enorgueillit pas tout le monde chez les Weill, peut-être parce qu'on soupçonne Karl d'avoir renié sa judéité depuis qu'il a publié « Sur la question juive » et *Critique de la critique critique*, devenu *La Sainte Famille*[2]. Dans cette dynastie de rabbins, les liens entre Jacobus et Heinrich Marx s'étaient sans doute distendus lorsque ce dernier, rationaliste et libéral, s'était converti au protestantisme pour pouvoir continuer à exercer la profession d'avocat, interdite aux juifs sous la Sainte-Alliance. Des rivalités entre les frères Marx – Karl étant, aux yeux de ses parents, le plus doué – peuvent aussi expliquer qu'on n'ait guère évoqué cette branche de la famille pendant l'enfance de Dick May, née à Alger alors que son père y était grand rabbin du consistoire.

## Cousines de Karl Marx

Il n'empêche que, quand une journaliste enquêtant sur les « nouvelles carrières féminines » se tourne vers elle, Dick May justifie son intérêt pour les études sociales sinon par l'hérédité, du moins par un « esprit de famille ». Et par une provocation à l'égard de ses « chers bourgeois de parents » (emploie-t-elle là le lexique marxiste ?) qui ont tu cet illustre « cousinage comme une tare », jusqu'à ce qu'elle ait « vingt-cinq ans ». La date coïncide à peu près avec la mort de Marx, en 1883. Rétrospectivement, Dick May affirme que la nouvelle de ce décès lui « monta la tête » – l'image matérialise sa naissance comme intellectuelle : « Je me procurai le *Capital* et le dévorai, poursuit-elle. Les idées du cousin ne laissèrent pas de m'inquiéter. Je voulus les contrôler en m'instruisant de ses sujets : les moyens d'instruction manquaient. Je songeai que les éducateurs qui négligeaient ces choses étaient bien coupables[3]. » S'il est vrai (on peine à le croire) que Dick May ait ignoré aussi longtemps ses liens avec le grand théoricien de la révolution, elle a rattrapé le temps perdu en en faisant un atout dans les milieux qu'elle fréquentait. Cependant, elle est moins révolutionnaire que réformiste. Parmi les cousines de Karl Marx, on compte aussi la grand-mère de Jeanne Weil-Proust, Marguerite Sarah Nathan, qui a épousé en 1812 Baruch Weil, fabricant de porcelaine devenu une notabilité parisienne. Les deux Jeanne Weil(l) sont donc lointainement parentes.

## Des patriotes français

Bien ancrée dans la capitale, la future Madame Proust a doublement ses attaches dans l'Est, puisque son aïeule est née à Lunéville, et que la branche paternelle était établie à

Niederenheim (Niedernai) dans le Bas-Rhin jusqu'à la fin du XVIIIe siècle. Ces juifs passés d'un pays à l'autre pour échapper à la répression ou acquérir un statut plus favorable n'ont cessé de choisir la France : le grand-père paternel de Jeanne Weil a été naturalisé assez tôt ; son grand-père maternel, Nathaniel Berncastel, à plus de 35 ans. Ce n'est pas seulement parce qu'elle porte Marcel, son premier enfant, durant le siège de Paris que le conflit franco-prussien ébranle autant Jeanne Weil, fraîchement mariée. Nathé Weil, le père de Jeanne, a peut-être encouragé son union avec Adrien Proust, un catholique, par désir d'assimilation à un moment de tension historique : la guerre contre la Prusse est déclarée en juillet 1870, le contrat de mariage signé fin août, la cérémonie civile a lieu début septembre, au lendemain de la débâcle. Plus que quiconque, Jeanne Weil est témoin des bouleversements politiques qui s'ensuivent, puisque son grand-oncle Adolphe Crémieux est alors nommé ministre de la Justice dans le gouvernement de la Défense nationale, charge qui s'ajoutera à celle de ministre délégué à la Guerre. La famille de Nathé Weil, garde national en 1848, est patriote.

Celle de Jeanne Weill-Dick May aussi. Quand Sélestat, où vivent Jeanne et les siens, est assiégée, ils s'installent à Marseille chez Rachel Gugenheim, sœur de la mère de Dick May, et son mari commerçant. Du « tour de la France » que fit la petite fille, il ne reste plus qu'un récit emboîté dans *L'Alouette* – un des premiers succès de Dick May comme autrice, paru en 1898 dans la revue *La Quinzaine*, puis en volume aux Éditions de la Revue blanche. Ce roman évoque plusieurs souvenirs où se devine une empreinte autobiographique : la narratrice, âgée d'une dizaine d'années comme Dick May en 1870, est contrainte de quitter l'est de la France après la chute de Napoléon III. Lectrice d'Homère, de Corneille et des manuels Duruy, admiratrice de Jeanne d'Arc, elle comprend mal qu'on fuie devant les Prussiens, et assiste à la mise en berne du drapeau au balcon de la préfecture de Marseille lors de la capitulation des Français à Metz :

> Je ne connais pas Metz. Je n'aime pas Metz. Je ne sais rien de Metz, ni de ce qui se passe à la Préfecture. Qu'importe ? La coupure est faite. La souffrance de la guerre, le mal de la déroute, l'amer délice du patriotisme endolori, le mystère et la révélation du Pays, un but aux vagues idées de gloire, la possession de trésors hérités dans l'histoire et dans l'héroïsme, – rien n'est compris : tout est gravé, dans l'instinct et dans la chair, gravé brutalement, d'un coup de pointe sèche, pour la série des ans[4].

C'est à Lunéville que les Weill optent pour la France en 1872.



## Une Jeanne plus rebelle que l'autre

Les deux familles Weil(l) ont des configurations similaires : dans l'un et l'autre cas, Jeanne s'entend à merveille avec son frère Georges, en reste proche jusqu'à ce qu'il prenne femme, après la mort de leur mère chérie. Une fois mariée au docteur Proust, Jeanne Weil ne cesse d'écrire à sa mère, dont la disparition en 1890 l'affecte considérablement. Le cahier où elle couche son chagrin inspirera à son fils les pages de la *Recherche* où le Narrateur évoque la perte de sa grand-mère. Après avoir longtemps vécu sous le même toit que son frère, Dick May habite avec sa mère jusqu'au décès de cette dernière à l'été 1919. Ensemble, elles partaient en vacances, recevaient, Ève *Henriette* ne manquant pas de transmettre ses amitiés aux correspondants de Dick May, voire de leur joindre un mot. Tous les témoins s'accordent sur l'intensité du lien qui unissait la mère et la fille. Lorsqu'elle répond le 5 juin 1897 à une lettre où le philosophe Lionel Dauriac s'est laissé aller à des confidences sur sa fille, Dick May évoque les relations contrastées qu'elle entretient avec ses propres parents. Dans cette lettre – la plus personnelle de celles dont nous disposons –, elle suggère qu'elle doit son indépendance, singulière pour une fille de rabbin restée célibataire, à sa mère, qu'elle a habituée « à [l']adorer ».

Début 1889, quand Michel Aaron Weill, qu'on imagine moins conciliant (tout comme Nathé Weil), a été foudroyé par une broncho-pneumonie, Dick May et lui étaient brouillés pour une raison qu'on ignore. À quand remonte ce que Dick May désigne, par un jeu de mots pudique, comme le « froid » – « refroidissement » et fâcherie – qui lui a « enlevé subitement[5] » son père ? D'aucuns le placent à l'été 1887, sans justifier cette date. D'autres rappellent que, en 1884, le rabbin Weill, en poste à Toul mais provisoirement installé à Paris pour réunir le matériau nécessaire à un livre, a demandé à rester dans la capitale afin de régler un problème familial. La chose est si grave qu'il finit par démissionner ; le consistoire central invoque un incident relatif à la « conduite [...] d'un membre de sa famille », et « croit [l]e rabbin assez malheureux déjà pour que l'on ne doive pas aggraver sa douleur par une mesure rigoureuse[6] ». Qu'a-t-il pu se passer ? Édouard, l'aîné de ses enfants, se trouve à des kilomètres ; je doute que cette affaire le concerne. Je ne pense pas non plus que soit en cause le cadet, Georges, brillant sujet reçu quelques mois plus tôt huitième à Normale sup ; intégrer n'a jamais empêché les frasques, mais les rapports administratifs quotidiens attestent une conduite irréprochable (jamais absent, jamais consigné, une seule fois en retard à l'internat au retour d'un week-end[7]), et le nombre et la fréquence de ses emprunts à la bibliothèque de l'École laisse penser qu'il était occupé à potasser les classiques, l'histoire du droit et les essais de Macaulay[8]... À travers mes propres préjugés (je présume qu'un homme est « innocent », parce qu'il réussit, et que sa réussite est documentée) se révèlent les mécanismes systémiques qui font porter la charge aux femmes.

Mais pour tenter sinon de percer, du moins de désembrouiller ce secret domestique, continuons à embrasser un instant la logique patriarcale : restent les deux filles, majeures et célibataires ; de Berthe, l'aînée, on ne sait rien. Quant à Dick May, en voudrait-elle à son père parce qu'il lui a interdit de poursuivre des études ? L'aurait-elle mis « en mauvaise posture » par quelque incartade amoureuse ? Difficile à établir, et à croire, si l'on se fie à son autoportrait (mais elle camoufle peut-être la vérité). Dick May avoue en effet n'avoir « guère *aimé*, au sens absolu, que des abstractions », avoir « été aimée, et [en avoir] souffert ; demandée, et [avoir] reculé, d'instinct, comme devant une offense[9] ». Aurait-elle provoqué un scandale en éconduisant les prétendants dont elle ne devait pas manquer, ne serait-ce qu'en tant que fille d'un haut représentant religieux ? S'il est peu probable que Dick May ait déjà fréquenté à l'époque celui qui deviendra officieusement son compagnon – Alfred Croiset, veuf, deux enfants, plus âgé et catholique –, cette déclaration suggère-t-elle qu'un soupirant *goy* s'était présenté[10] ? Le rabbin Weill désapprouvait peut-être simplement qu'une femme de 30 ans n'ait pas encore fondé son propre foyer. Embarrassé par les ambitions littéraires de sa fille, cet érudit, auteur de plusieurs sommes de théologie, craignait-il qu'elle ne s'expose en publiant ? Ou au contraire qu'elle n'envisage d'écrire sous un nom de plume qui gomme celui de « Weill », et donc sa judéité ? En rien réfractaire au pseudonyme, lui qui signait « Michael[11] » (intéressante rejudéisation de la partie francisée de son prénom) ses articles dans *L'Univers israélite*, le rabbin aurait pu inspirer sa fille, même malgré lui ; mais rien ne prouve qu'elle ait choisi un pseudonyme de son vivant.

Témoignages et indices bibliographiques concordent sur ce point : Dick May serait publiquement née juste après le décès de son père en 1889. La presse accueille à partir du printemps de cette année-là pas moins de sept articles d'elle, sans qu'on puisse prouver - Dick May écrivant avec facilité - si, rédigées avant la mort du père, ces proses brèves reposaient dans un tiroir, ou attendaient sur le marbre.

## 1889, un tournant

Les deux Jeanne font en 1889 l'expérience d'une séparation : Jeanne Weill meurt symboliquement avec son père, pour revivre sous la plume de Dick May ; Jeanne Weil s'apprête à voir son premier-né, reçu bachelier ès lettres, quitter le foyer - ayant devancé l'appel, Marcel Proust se trouve affecté à Orléans. Cette année est charnière pour beaucoup d'autres Français. Célébrant un de ses événements fondateurs à l'occasion du centenaire de la Révolution, la République organise une somptueuse exposition universelle. La tour Eiffel alors érigée se veut une démonstration concrète du Progrès que défend le régime, mais aussi de la solidité de ce dernier, malgré sa relative jeunesse et les tentatives pour le déstabiliser. Alors que s'organisent les élections à la Chambre des députés, l'essai de prise du Palais-Bourbon par le général Boulanger est dans toutes les mémoires quand Jeanne Weil-Proust écrit à son garçon : « En politique je suis comme toi, mon grand, du grand parti "conservateur libéral intelligent"[12]. » On ignore quelles opinions politiques professe alors Dick May. Il y a de fortes chances qu'elle partage avec les leplaysiens qu'elle fréquente sinon une franche hostilité aux méthodes révolutionnaires, du moins une défiance : quelques années plus tard, vivant dans un quartier où le souvenir de la Commune est d'autant plus vivace que la maison d'Adolphe Thiers y a été reconstruite, elle craindra les conséquences que la répression des actes anarchistes pourrait entraîner :

> [...] une révolution sociale ne se ferait point actuellement au profit du personnel ni de l'idée socialistes, malgré la similitude des mots ; l'anarchie guette l'occasion, saisira les récoltes, et saccagera les collectivités réunies, les anciennes, les récentes, – jusqu'à ce que la réaction des peurs et des rancunes se décide à mettre un sabre à sa tête, et organise une dixième fois l'effroyable silence de la répression ; trop heureux encore si un Galliffet de l'avenir nous préserve du Boulanger de tous les temps, et nous épargne au moins la mixture de l'odieux et du grotesque[13]...

À l'époque du triomphe et de la chute presque simultanés de Boulanger, Dick May publie dans le supplément littéraire du *Figaro*, mais aussi dans le journal *L'Estafette*, qui affiche la devise « Ordre et Progrès » inspirée d'Auguste Comte, ainsi que dans la *Revue de famille* dirigée par le philosophe et ancien ministre Jules Simon, républicain modéré soucieux comme Le Play de protéger la femme et l'enfant. Dick May vise les livraisons quotidiennes de la grande presse quand, à l'automne 1889, elle sollicite en fausse « débutante[14] » l'aide d'une illustre aînée, Louise-Cécile Bouffé, journaliste et écrivaine qui elle aussi écrit sous un pseudonyme : Arvède Barine (1840-1908). Cette requête, qui a tout l'air d'une demande de placement, ne semble pas aboutir, mais très vite, Dick May se hausse à la une du *Temps*[15]. Quel pied de nez que de publier, en février 1890, une nouvelle intitulée « Amour de tête », quand on sait combien les femmes de presse ont peiné à accéder à « l'article de tête[16] » !

## Un héritage inégal

Vue d'aujourd'hui, l'entrée de Dick May en littérature – et sur la scène de l'Histoire – apparaît comme une libération. Mais ne nous y trompons pas : rien de lyrique quand elle affirme avoir choisi « le métier d'écrire par devoir de vivre[17] », ce que confirmera son cadet, conscient qu'elle a dû remplacer le chef de famille en l'absence du frère aîné David *Édouard*, marié et installé comme avocat en Algérie, où il est né en 1848, ainsi que l'enfant suivant des Weill, Bella *Berthe*. L'inventaire après décès révèle en effet que le rabbin Weill n'a rien laissé aux siens[18]. Malgré quelques revers de fortune – il avait investi tout ce qu'il possédait dans la maison de commerce de parents qui firent faillite, puis fut accusé d'avoir mal géré les finances du rabbinat – il était supposé mener une vie relativement confortable, l'administration des Cultes lui versant en sus de son salaire (autour de 3 500 francs à partir de 1875) un secours allant certaines années jusqu'à 500 francs, somme que sa veuve continuera de percevoir. Bien qu'on la dise « dans une situation aisée[19] », elle n'appartient pas à la grande bourgeoisie comme les parents de Jeanne Weil, dont la dot s'élève à 200 000 francs lorsqu'elle épouse Adrien Proust. Celle d'Henriette Weill est cent fois inférieure. Georges Weill affirme qu'elle menait « une vie matérielle très modeste[20] » dans l'appartement qu'elle partageait avec ses filles, restées célibataires.

Dick May n'a pas fait un « beau mariage » – alors le principal moyen d'ascension pour les femmes. Du côté de chez Proust, c'est Jeanne le riche parti ; ses biens excèdent largement ceux du chef de clinique plein d'avenir avec lequel elle convole en justes noces. Il fait valoir deux mille francs comptants, six mille d'obligations, quatre mille de créances, à quoi s'ajoutent « habits, linge, hardes, bijoux à […] usage personnel, [...] mobilier et [...] bibliothèque » réévalués vingt mille francs pour préserver les apparences : d'un commun accord, l'estimation « a été sciemment multipliée par dix afin de rééquilibrer, au moins partiellement, sa position vis-à-vis de sa future belle-famille[21] ». Fils d'épicier, ancien boursier, Adrien n'appartient pas à la classe des héritiers, mais un contrat protège Jeanne à la mesure de ce qu'elle apporte[22]. Sa fortune croîtra encore quand elle héritera de son père et de son oncle[23].

> Catholique, elle aurait sans doute pu avec la même dot épouser un médecin mieux né, voire un homme du monde. Les équations matrimoniales ne sont pas à une mais à plusieurs inconnues : roture, noblesse, puissance familiale, réussite personnelle, grosse dot, absence de dot, baptême, judaïsme, beauté, laideur – ces éléments entrent tous en jeu avec des coefficients variables et chacun ne s'apprécie que par rapport à tous les autres, dans un contexte historique donné[24].



La nouvelle alliance assure à Jeanne Weil un statut social : les compétences de son promis en matière sanitaire lui valent la reconnaissance de l'État, qui le dépêche à l'étranger, et s'implanter dans une vieille famille chrétienne par sa frange républicaine constitue une garantie. Il en faut, par les temps qui courent : l'échange des anneaux se fait le 3 septembre 1870, alors que les Allemands viennent de triompher à Sedan, et que l'empereur Napoléon III se trouve captif ; Marcel, conçu pendant le siège de Paris, naît à Auteuil le 10 juillet 1871, chez un grand-oncle maternel. Bien heureux qui pourrait dire si le ménage Proust le fut. L'amour vint peut-être dans la cohabitation quotidienne, en reconnaissance du concours assuré par chacun à la vie commune ; d'Adrien Proust, que ses responsabilités tiennent souvent éloigné du foyer, la postérité ne retient que les faits d'armes – il s'est hissé à la force du poignet jusqu'au commandement de la Légion d'honneur.

## Dick May et Alfred Croiset, un couple « fusionnel »

Qu'une fille de 21 ans épouse son aîné de quinze ans n'est déjà plus si fréquent en 1870 ; mais les Proust entérinent le modèle bourgeois ; rares sont ceux qui soulignent que, de ce point de vue encore, ils sont « mal assorti[s][25] ». La fiancée est belle... Si elle se fane, c'est que, dévouée aux siens, elle supervise le service, aide son mari à tenir sa correspondance, sacrifie aux mondanités imposées. Les lazzis pleuvent au contraire sur le couple que Dick May forme, à la ville comme à la chaire, avec Alfred Croiset, professeur d'éloquence grecque appelé à devenir un des grands patrons de l'Université, lui aussi commandeur de l'ordre de la Légion d'honneur. En 1912, les fâcheux les comparent à « Philémon et [...] Baucis » – clin d'œil moqueur à l'helléniste –, puis à Anatole France et Madame de Caillavet[26] – un dreyfusard et une salonnière d'origine juive. Ces rapprochements renseignent narquoisement sur l'intensité de la relation qu'entretenaient Dick May et Alfred Croiset, lesquels (contrairement aux Proust) s'étaient choisis, certes sur le tard. Travaillant main dans la main, elle et son *alter ego* étaient si fusionnels – comme on dirait aujourd'hui – que leurs adversaires accolaient leurs noms, avec ou sans trait d'union, moquant les succès de « Dick Croiset[27] ».

Seule l'extrême droite attaque Croiset ; son professionnalisme, son affabilité, sa diplomatie font ailleurs à peu près l'unanimité ; ce qui étonne, c'est qu'il ait pris une compagne si dissemblable :

> Quoique la tête l'emporte chez elle sur le cœur, elle se plaît à dire dans l'intimité qu'elle a des réserves insoupçonnées de tendresse et de passion pour qui l'aimera. Est-ce là ce qui séduit Alfred Croiset qui est veuf ? Nul ne saurait le dire. Mais ce qu'il y a de certain, c'est qu'on les rencontre voguant de compagnie sur les lacs italiens ; que le monde parisien, avec sa molle indulgence, prend l'habitude de les voir et de les inviter ensemble. Seulement le même monde, avec sa rosserie coutumière, réédite pour elle un mot méchant fait pour une autre : C'est le crépuscule des vieux[28]...

« Pour *elle* », même si, par l'âge, c'est Croiset le doyen... Beaucoup assimilent « Mademoiselle » Dick May, femme « non liée » ayant « accès à l'autonomie mais sans le sacrifice de la sexualité[29] », aux vieilles filles exerçant une profession intellectuelle, comme ces braves institutrices des romans contemporains qui éduquent les enfants des autres. Ne nommait-on pas « Mademoiselle » les préceptrices ? À sa mort, l'administration laisse Dick May dans les limbes. Un point d'interrogation barre curieusement la colonne du registre où l'on note si « le décédé [...] était célibataire, veuf ou marié[30] ».

Dans quelles circonstances Dick May rencontra-t-elle Croiset, avec lequel elle allait, pendant plus de trente ans, réaliser tant de projets ? Cacique à l'École normale supérieure et à l'agrégation, il enseignait l'éloquence grecque à la Sorbonne (1885) avant d'y devenir assesseur du doyen (1895-1898) puis lui-même doyen (1898-1919). Dick May l'a-t-elle connu au Collège libre des sciences sociales ? Fréquentait-il un de ses familiers ? Est-ce par son entremise qu'elle put installer l'École des hautes études sociales 16, rue de la Sorbonne ? Après le décès en juin 1923 de « celui qui aidait à traverser les passages et à dominer les difficultés[31] », Dick May bataille en tout cas pour que l'École puisse rester dans ces murs, malgré l'augmentation des frais. Sans doute ces deux intellectuels se lièrent-ils après la disparition en 1890 de Julie Didier, fille du proviseur de Louis-le-Grand, qui laissait deux enfants à Croiset, son époux. La configuration familiale, le respect de la bienséance et peut-être de la mémoire du rabbin Weill firent que Dick May resta avec les siens rue Victor-Massé, Croiset vivant rue Madame, puis rue Cassette, à proximité de son lieu d'exercice. Ne se résolvait-il pas à déménager rive droite, pensant comme Romain Rolland dans une lettre où il saluait l'action de Croiset à l'École des hautes études sociales : « C'est un autre peuple. Vous êtes trop sceptiques de ce côté de l'eau. Il me faut l'air de ma montagne socialiste et classique[32] » ?

Inutile de passer par la poste quand on est amants, qu'on n'a que la rue de la Sorbonne à traverser pour se parler, et qu'on part ensemble en vacances ! La chercheuse autant que la midinette le regrettent. J'ai rêvé de la correspondance entre Dick May et Alfred Croiset. Était-il l'un des seuls, hors du cercle familial, à l'appeler Jeanne ? Mais les descendants du doyen ignorent jusqu'à l'existence de cette grande dame. Quoi de surprenant ? À l'Œuvre de l'Orphelinat des Armées ou au Comité d'Union latine, Dick May a cédé la première place en toute conscience. Le duo de choc se répartissait les tâches, et le carnet d'adresses : cercles académiques pour l'un, lettrés et mondains pour l'autre. Bien malin qui passait entre les mailles de leur filet. Magnifique compagnonnage, que nul ne considère comme la matérialisation d'un couple intellectuel, parce que les intéressés ne s'étaient pas connus jeunes, parce qu'ils ne vivaient pas ensemble. On n'ose parler, à leur propos, d'amour, comme on le fait pour Louise et Georges Renard. Les cœurs comme les lits nous restent pourtant invinciblement fermés. Et s'il importe de ne pas fantasmer, en historien voyeur, la sexualité des personnages que l'on étudie, supposer Dick May chaste, comme y engagent les portraits en « vierge de la ténacité[33] », c'est la frapper de stérilité, contre l'évidence : ses passions ont suscité l'enthousiasme, et créé du lien.

Célibataire sans enfant, Dick May n'ignore cependant pas l'importance stratégique des unions, ainsi que le prouve la lettre où elle présente les noces de son frère cadet comme un « mariage de convenance très honorable : le père trésorier général, ancien préfet opportuniste ; un oncle préfet opportuniste », commentant : « vous voyez que nous faisons bien les choses[34] ». Dans ces lignes où un orgueil de convention cache une joie véritable, qui désigne ce « nous », sinon elle-même ? Deux jours plus tard, le 17 juin 1899, Dick May n'écrit-elle pas à un autre correspondant : « je marie mon frère[35] » ? Symboliquement, elle a pris la place du père. S'adressant à des collègues, par ailleurs camarades socialistes, elle souligne le caractère républicain de l'alliance avec Marie Renée Cohn, fille de Léon Cohn (1849-1911), attaché au cabinet de Jules Simon quand ce dernier était ministre de l'Instruction publique, puis à son secrétariat particulier lorsqu'il fut élu président du Conseil. L. Cohn fit ensuite une carrière préfectorale en province avant d'y devenir trésorier-payeur général et enfin receveur-percepteur à Paris. Il est, par son épouse Rachel Hendlé, apparenté à Ernest Hendlé (1844-1900), lui aussi préfet, « juif d'État[36] » qu'Anatole France peint sans ménagement sous les traits de Worms-Clavelin dans *L'Orme du mail* (1897) – roman que Madame Proust cite à plusieurs reprises[37]. Dans la présentation que Dick May fait de ce mariage, le politique l'emporte sur le religieux ; mais les dissociait-on vraiment, dans ces années marquées par l'affaire Dreyfus ? Léon Cohn comme Ernest Hendlé ont subi de violentes campagnes antisémites. Albert Cohn (1814-1877), le père de Léon, érudit passionné par les sciences positives qu'on avait chargé d'enseigner l'hébreu et l'histoire juive à Alphonse et Gustave de Rothschild, était devenu trésorier, président du comité de bienfaisance du consistoire de Paris, puis membre du consistoire central. Sans doute connaissait-il le grand rabbin Michel Aaron Weill, son parfait contemporain.

# Filles de Sion

Depuis que le musée d'Art et d'Histoire du judaïsme a inauguré au printemps 2022 l'exposition « Marcel Proust. Du côté de la mère[1] », Jeanne Weil n'est plus connue des seuls amateurs désireux de confronter la « Maman » de la correspondance proustienne au personnage dont le Narrateur de la *Recherche* guettait fébrilement le baiser du soir. Des analystes ont suggéré que devenir écrivain était la condition pour que Proust « romp[e] avec son identité de "fils homosexuel d'une mère juive" », « s'arrach[e] à tout ce qui signait son appartenance à sa mère, dans laquelle il pressentait l'écrasement de son propre désir[2] ». Encouragés par l'auteur, dont le roman file la métaphore de Sodome et Gomorrhe, ils ont multiplié les références aux mythes bibliques, faisant de Jeanne Weil et de son époux plus âgé une Esther et un Assuérus. Hypothèse séduisante, étayée par le fait que Proust lui-même a imaginé sa mère en « captive juive[3] », se souvenant sans doute que dans leur salle à manger siégeait la toile de Francken le Jeune où le roi perse Assuérus choisit Esther pour épouse, sans soupçonner ses origines[4]. Ce tableau, legs du clan Weil, symboliserait l'identité juive enfouie chez celle qui a fait le « premier mariage mixte de la famille[5] », épousant un *goy* dont le père fabriquait des cierges…

## La foi discrète de Jeanne Proust

La critique a rappelé avec quelle discrétion Jeanne Weil vivait sa judéité, tout en ne cessant de l'y ramener - et d'y ramener son fils. Jeanne Weil n'a certes jamais abjuré le judaïsme ; mais elle ne le mentionne que par la bande. Un vendredi du printemps 1890, parce qu'elle sert à ses invités catholiques « un menu *maigre* », elle s'amuse qu'on puisse « croire qu['elle se] converti[t][6] ». La *cacherout*, difficile à tenir lorsqu'on dîne dehors, faisait débat parmi les élites juives, ainsi qu'en témoigne la passe d'armes autour d'un article où le respecté Salomon Reinach pose « l'abandon des lois rituelles qui font obstacle à l'intérêt général » comme condition de « *l'émancipation intérieure*[7] » de ses coreligionnaires. Son principal contradicteur relève que la question se pose surtout au contact des gentils. En donnant sa fille en mariage à un chrétien, Nathé Weil savait à quoi il s'exposait ; lui-même avait pris ses distances avec le judaïsme, optant pour l'incinération[8]. On doute que, au sein du foyer pluriconfessionnel des Proust, la cuisinière ait séparé produits carnés et lactés. Tout au plus a-t-elle pu réserver à Jeanne un plat de substitution pour éviter la cochonnaille... Dispositions moins assurées quand Madame sortait dîner ou qu'elle partait en cure, les interdits alimentaires se conjuguant mal aux sociabilités mondaines. À moins que la carte des grands hôtels ne laisse aux « Weisweiller », aux « Helbronner » et aux « Meyer » en villégiature le luxe de composer leur repas. Pierre Birnbaum a montré que Marcel Proust ne se privait pas de fromage après une bonne viande, même s'il « ne semble jamais consommer du porc, [...] par atavisme inconscient ou du fait de son appartenance à la classe supérieure qui n'en mange pas[9] ». L'hypothèse d'une innutrition *cacher*, qu'encouragent dans la *Recherche* les épisodes du poulet égorgé par Françoise ou la fascination-répulsion du

Narrateur pour les huîtres, a mené la romancière canadienne Kate Taylor à concocter l'intrigue de *Madame Proust and the Kosher Kitchen* (2003), où les dîners de Jeanne et les descriptions culinaires de son fils trouvent un prolongement dans les recettes de Sarah, une de ses lointaines descendantes qui sublime par la cuisine la perte de sa mère, morte à Auschwitz pendant l'hiver 1942-1943.

Jeanne Proust évoque surtout les rites juifs dans la lettre vraisemblablement datée de début 1897 où elle renoue avec son « cher petit » après que, de colère, il a brisé le vitrail d'une porte en la claquant, puis mis en pièces un vase de Murano qu'elle lui avait offert : « Ne repensons plus et ne reparlons plus de cela. Le verre cassé ne sera plus que ce qu'il est au temple – le symbole de l'indissoluble union. [...] Je suis pourtant obligée de revenir sur le sujet en te recommandant de ne marcher que chaussé [...] à cause du verre[10]. » Maintes fois glosé – pour souligner tantôt l'immaturité de Marcel, tantôt la rudesse humiliante de la mère, qui l'a tancé devant un domestique –, cet épisode retranscrit dans *Jean Santeuil*[11] a servi de support à des interprétations psychanalytiques débouchant sur le constat d'un amour-haine du fils pour la mère. Le motif de la dispute n'est pas clair : peut-on vraiment le rapporter à une course mal faite, Jeanne ayant acheté des gants gris alors que Marcel les avait demandés beurre frais ? N'éclate-t-elle pas pour un motif moins futile, lié à un soupçon d'homosexualité sur une photographie où Lucien Daudet fait les yeux doux à Marcel ? Cela expliquerait que la mère de Marcel, qui ne manquait pas d'esprit, fasse allusion à un mariage – précisément au rituel où le *'Hatan* brise un verre en mémoire de la destruction du Temple de Jérusalem.

D'aucuns ont perçu dans ce quasi-lapsus un imaginaire incestuel, la mère souhaitant « que son fils demeure près d'elle, tout près d'elle, sous son emprise, en lieu et place de son mari, qu'elle ne contrôle pas autant qu'elle le souhaiterait[12] ». Ne décèle-t-on pas aussi dans ces lignes un regret, une perte, celle d'une judéité brisée par un mariage hors de la synagogue ? Sous la réconciliation demeurerait une fêlure susceptible de blesser les uns et les autres… Nul ne peut prétendre, je crois, répondre à ces questions et, en la matière, il faut s'aventurer aussi prudemment que dans une pièce jonchée d'éclats. On ne peut affirmer tout de go – comme le prétendent certains à l'invitation de Proust (qui justifie à un interlocuteur catholique le fait que sa mère n'aura pas de funérailles chrétiennes) – que Jeanne est restée juive par « un raffinement de respect pour ses parents[13] ». Et quelques railleries de connivence avec son fils, dans une lettre du *Splendide Hôtel* à Évian-les-Bains, ne suffisent pas à conclure que « Madame Proust, tout en plaisantant de son appréhension, redoute et fuit le voisinage de la clientèle juive, les Oulif, les Weisweiller, les Biedermann, dont les patronymes trahissent l'appartenance à la même haute bourgeoisie israélite que la sienne[14] ».



## Marcel Proust surjudéisé

Suivant le tropisme qui a consisté à surjudéiser Marcel Proust, la critique s'est beaucoup concentrée sur Jeanne Weil, en vertu de l'importance de la mère du Narrateur dans la fiction, et malgré les efforts de Christian Péchenard ou de Daniel Panzac pour ériger le père de Proust en modèle énergique, nuançant par là le portrait de Marcel en « fils à maman » dorloté. Adrien Proust n'était-il pas sorti de sa province avec les honneurs que la méritocratie impériale lui avait permis de briguer ? Travailleur acharné, ce médecin de renommée internationale, membre de l'Académie de médecine et commandeur de la Légion d'honneur, avait acquis une respectabilité et une aisance qui complétaient la fortune qu'il tenait de sa femme.

Marcel Proust, porté sur les fonts baptismaux bien que son père – qui, dans sa jeunesse provinciale, avait songé à prendre l'habit – affiche une neutralité de bon ton, ne se considérait pas plus catholique que juif. Alors qu'il évoluait dans un monde d'us et coutumes chrétiens, alors que son œuvre romanesque mobilise un imaginaire catholique, on ne cesse pourtant de le renvoyer à sa judéité. Les antisémites qui le taxent de « juif » ou de « demi-juif » la prennent en mauvaise part ; les admirateurs voudraient au contraire que la judéité de Proust lui offre un supplément d'âme, comme par ailleurs son homosexualité : elles feraient de lui un être plus sensible, dont la marginalité nourrit le génie. Qu'importe que Proust ait multiplié les déclarations ambiguës à propos de la judéité, on retient qu'il a été dreyfusard, quoique le refus de l'injustice puisse seul motiver cet engagement. La *Recherche* maltraite la plupart des personnages juifs ? C'est pour mieux dénoncer l'antisémitisme, sur un mode finement ironique. Le romancier dédie *Le Côté de Guermantes* à Léon Daudet, l'un de ses meilleurs amis ? On nous rappelle que cet antisémite obsessionnel fut un critique littéraire de talent, et à la mort de Proust l'un des premiers à baigner de larmes son corps funèbre. Du reste, avoir des amis juifs n'empêche pas plus d'être antisémite que fréquenter des antisémites n'empêche de se sentir juif, ou d'être tenu pour tel. Et l'on prétend que la Shoah aurait modifié les appréciations... Que Marcel Proust fasse allusion à la tombe où son grand-père déposait chaque année un caillou suffit à déclencher l'enquête qui mène Antoine Compagnon à la réception de son œuvre au temps du premier sionisme[15]. Même si Proust a souhaité serrer un chapelet quand un prêtre réciterait la prière des trépassés, et qu'un dernier hommage lui a été rendu en l'église Saint-Pierre-de-Chaillot, on ne le conçoit pas autrement qu'agnostique et sentimental : « Marcel Proust ne croyait pas en Dieu. Il avait voulu que l'on posât un chapelet entre ses doigts inertes parce que c'était un cadeau de Lucie Faure qui était la fille du président de la République et il avait souhaité une prière de l'abbé Mugnier, toutes choses qui, à l'époque, ne pouvaient pas être considérées comme une certitude de conversion[16]. » Pas plus que les messes annuelles commandées par les proches, sur les lieux des obsèques, puis à Saint-Philippe-du-Roule. Partout, on cherche à retrouver une judéité non dite, comme si elle recelait un sens caché. Michel Schneider considère par exemple que la « souffrance sociale qui n'épargne personne au cours de la *Recherche* [...] ne saurait être comprise dans le cas du narrateur s'épuisant à briguer les faveurs de gens qu'il méprise, sans qu'on la relie à l'origine juive de ce fils et de cette mère-là ». Il ajoute : « Le snobisme, investissement érotique des faits sociaux, et la mondanité, dénégation de l'origine juive pour Swann comme pour Marcel, l'un et l'autre convertis, si agaçants qu'ils soient, ne sont que la vêture de la détresse[17]. » Saul Friedländer rapporte quant à lui l'absence de portrait physique des parents du Narrateur, sinon à leur possible judéité, du moins au rapport oblique de Proust à la sienne :

> La généalogie que le Narrateur établit pour sa mère apparaît clairement comme une sorte de rédemption – une rédemption qui la sauve de sa judéité. Il lui prête des racines qui la plongent dans la vraie France [...] et, plus encore, un code de conduite particulièrement strict envers ses domestiques, des règles que le duc de Saint-Simon aurait sans doute pu relever à la cour du Roi-Soleil. D'une part, le Narrateur voudrait racheter la mère mais, d'autre part, il fait indirectement référence à sa judéité. Dès le début du roman, ou presque, il nous dit que la grand-mère a

> importé dans le milieu de Combray des valeurs issues d'origines très différentes (allusion bien sûr aux origines juives). En cette même occasion, il se montre incapable de dissimuler son admiration pour Bathilde – le premier prénom de sa grand-mère [...][18].

Un décalage me frappe : pour nos contemporains, relier Proust à sa judéité semble constituer une forme de plus-value, alors que, s'agissant de Dick May, la judéité procéderait au contraire d'un éloignement supposé. Est-ce une question de genres, au double sens du terme ? Le fait que Proust soit un homme et Dick May une femme conditionne-t-il cette valence différentielle ? Ou cette dernière s'explique-t-elle plutôt par le fait qu'il soit considéré comme un écrivain – et donc placé du côté de la littérature comme univers de croyance(s) –, alors que l'œuvre fictionnelle de Dick May retient beaucoup moins l'attention que ses engagements républicains – un domaine où, rétrospectivement, l'attachement à la laïcité s'avère non seulement un atout idéologique, mais un gage de lisibilité ? Les instrumentalisations récentes de la notion de laïcité, dont la définition s'est durcie par rapport à 1905, m'encouragent pourtant à la prudence : priver Dick May de sa judéité, n'est-ce pas non seulement gommer le rôle du judaïsme dans la fondation d'une laïcité « à la française » au XIXe siècle, mais encore céder à une lecture téléologique dans laquelle la laïcité, principe de neutralité et ouverture œcuménique, serait perçue comme une renonciation au religieux ?

## Dick May déjudéisée

Je n'arrive pourtant pas à oublier que Dick May vient d'une double lignée de rabbins (ceux de Trèves, côté maternel ; son père est le petit-fils de Mathias Zandec Weyl de Rosheim et de Michelé Netter, soit l'arrière-petit-fils de deux préposés généraux de la Nation juive en Alsace). Pour enrayer la projection ou le fantasme, je m'efforce de me documenter. Que Ludwig Stein ait exercé comme rabbin avant de se consacrer à la sociologie, qu'Émile Durkheim, Max Nordau ou Victor Klemperer aient eu un père rabbin, a suscité des interprétations plus ou moins nourries ; les jeunes années de Claude Lévi-Strauss chez son grand-père rabbin à Versailles pendant la Grande Guerre, témoignages et questionnements. Le plus souvent, les commentateurs font valoir un éloignement du judaïsme, ou relèvent les allers-retours.

Les filles de rabbins passent plus inaperçues[19]. Dans les romans du long XIX^e^ siècle, la fille du rabbin est tout juste un type édifiant – celui de la vertueuse – sans incidence sur l'action. Il rejoint au mieux celui de la « Belle Juive[20] » ; mais le statut comme l'éducation de l'intéressée sont escamotés. Une chose est sûre : être fille de rabbin oblige à une attitude exemplaire, et rend tout faux pas d'autant plus condamnable. Il semble évident que, si l'éducation que Michel Aaron Weill a dispensée à sa progéniture n'a pas laissé de traces matérielles, elle doit avoir laissé des traces… disons spirituelles, d'autant qu'il avait dirigé l'école primaire consistoriale de Nancy, puis l'école primaire israélite d'Alger dans les années 1840. Soucieux de « régénér[er] » les israélites locaux afin qu'ils puissent à terme devenir des citoyens français à part entière, ce « hussar[d] du Consistoire central[21] » mise sur la formation des enfants au sein de salles d'asile. Il propose aussi que les « dames […] de la commission de charité[22] » encadrent les futures mères dès l'adolescence, avec la bénédiction du gouvernement français (on suppose ces bonnes dames originaires de métropole). Même si l'on ne peut mesurer quelle part y a l'imagination, les fictions d'inspiration autobiographique publiées par Dick May signalent l'empreinte du père dans son éducation ; toutes précautions prises, on peut envisager que Michel A. Weill ait pu inspirer, dans le récit enchâssé de *L'Alouette*, les questions-réponses, « causeries » et « discussions en règle » entre la narratrice et son père, qui lui inculquent le « respect[23] » des livres, au milieu desquels il travaille. Ni les prescriptions bibliques concernant l'éducation ni les *Lectures édifiantes pour la jeunesse israélite* (1869), du rabbin Benjamin Mossé, ne suffisent à reconstituer le quotidien des enfants Weill. Je compulse la documentation à la recherche d'un témoignage qui pourrait m'offrir une base comparative. Une lettre du grand rabbin de Paris Zadoc Kahn datée du 3 juillet 1884 évoque l'inconduite de Simon Deutz, « fils d'Emmanuel Deutz, grand-rabbin du Consistoire Central des Israélites de France[24] », sorti du judaïsme. Celui-ci incarne doublement la traîtrise : côté juif, pour s'être converti au christianisme ; côté chrétien, en particulier chez les légitimistes, pour avoir révélé en 1832 où se cachait la duchesse de Berry, laquelle avait voulu mettre son fils au pouvoir. L'aventure de Simon Deutz ne peut éclairer l'expérience plus ordinaire du rabbin Weill, mais on imagine la réprobation qu'il aurait essuyée s'il avait vécu assez longtemps pour constater que ses enfants s'éloignaient du judaïsme. Ce qu'ils ont fait.

Rien, dans les écrits de Dick May dont nous disposons, ne trahit en effet pratique ni attachement. Parfaitement « assimilée », Dick May suit les habitudes de la bourgeoisie chrétienne, expédiant en gare de Lourdes une carte postale où la Vierge Marie apparaît à Bernadette Soubirous, remerciant à Noël 1904 la suffragette britannique Anne Cobden-Sanderson de lui avoir envoyé une « belle "Christmas[25]" » ; si elle préfère formuler des vœux pour l'année nouvelle, elle promet à la revue de Charles Péguy « un conte de Noël[26] » qu'elle n'écrit finalement pas... Et c'est sans doute parce qu'elle sait le respect qu'inspire à Péguy la Passion du Christ qu'elle lui souhaite de « bonnes fêtes de Pâques[27] » depuis Londres. Plusieurs de ses lettres sont rédigées un samedi, indice qu'elle ne respecte sans doute pas le *chabbat*. Pour cette impénitente travailleuse, du reste, le calendrier universitaire prime. En période scolaire, elle bûche souvent le dimanche. Sa conception de la réforme sociale s'adosse à un éclectisme qui interdit l'exclusivité confessionnelle. En 1899, quand Dick May ouvre une école de journalisme pionnière, d'aucuns jugent son approche trop laïcarde. Qui veut noyer son chien disant qu'il a la rage, d'autres prétendront au contraire que ses établissements ne sont pas assez laïques, parce que y montent en chaire des pasteurs, des abbés, un moine dominicain. Cela ne ravit ni à gauche ni à droite :

> En même temps qu'elle est juive, Mlle Dick-May est ennemie acharnée du catholicisme, malgré la collaboration qu'elle donna à une œuvre catholique, aujourd'hui disparue, la *Quinzaine*. Elle en a fourni la preuve, non seulement dans les cours areligieux qu'elle a fait faire dans son École des hautes études sociales, mais surtout par le Séminaire de la libre-pensée qu'elle a essayé d'y faire fonctionner en 1917, en y attirant les étudiants de la Sorbonne[28].

Non contente que Théodore Reinach – on a constaté plus haut ce que son frère Salomon pensait du *chabbat* et de la *cacherout* – orchestre à partir de 1903 un cycle annuel d'« Étude de la religion dans ses rapports avec la société », Dick May tient à ce que des « problèmes moraux du temps présent », des « questions actuelles » soient conjointement examinés. Le 1er mars 1904, Charles Gide envisage « la séparation de l'Église et de l'État » ; après la loi de 1905, un ensemble de conférences sur l'« histoire des rapports de l'État et des religions en France depuis les origines » enrichit le débat. Voilà, estiment les antisémites, la propagande républicaine combinée à un prosélytisme souterrain. Pour le révérend père Dom Besse, lié à l'Action française, « Rhabi Théodore Reinach » fait partie des « pontifes laïques » mandatés par « sa puissante compatriote et coreligionnaire » afin de combattre le catholicisme véritable, sous couvert d'une proximité avec le « christianisme libéral[29] ».

Pour se distinguer des antisémites, si prompts à rapporter les entreprises de Dick May à ses origines juives, les chercheurs soulignent – à raison – combien elle a œuvré pour la laïcité. N'est-elle pas la sœur de Georges Weill qui, quelques mois avant qu'elle ne décède, mettait la dernière main à une *Histoire de l'idée laïque en France au XIX^e siècle*[30] dont le propos, à distance des dévots et des libres penseurs, fait encore référence ? Dick May n'en reste pas moins la fille d'un grand rabbin et d'une mère « très pieu[se] », selon le témoignage du même Georges Weill. Pourquoi mentirait-il dans le document privé qu'il destinait à ses descendants, selon une tradition d'ailleurs initialement religieuse[31] ? De ses parents, il affirme qu'« ils joignaient à [leur] piété une tolérance très grande, le respect de toutes les croyances et de toutes les convictions[32] ». Logiquement, à l'époque où la famille vit à Sélestat, elle emploie une domestique israélite, Barbe Bloch, âgée de 19 ans[33]. Pas question de consommer de la nourriture cuite par un non-juif ! On suppose que cette organisation a été maintenue à Paris, rue de la Bastille. Après la mort du père, qu'en était-il rue Victor-Massé ? Sans doute la mère de Dick May continuait-elle à suivre les impératifs alimentaires. Cela expliquerait que Dick May n'ait pu l'emmener manger chez des amis, sa mère « ne déjeun[ant] (ni d'ailleurs ne dîn[ant]) jamais hors de chez elle » : « la côtelette de l'amitié[34] » attendra, répond Dick May à l'invitation, suggérant que, en ce qui la concerne, elle ne suit pas la *cacherout*.

Pour autant, Dick May reste fidèle à un milieu. Parmi ses amis et ses collaborateurs, nombre de juifs, certains observants – à différents degrés. Le banquier Charles Goudchaux finance en grande partie La Coopération des idées, Université populaire où Dick May fait ses premières armes[35]. Dick May se trouve également liée aux philanthropes juifs par des alliances familiales. Les tantes d'*Hortense* Sara Otterbourg – l'épouse d'Édouard, l'aîné de la fratrie Weill –, chez lesquelles cette dernière séjourne outre-Manche à l'été 1894[36], tenaient des salons très appréciés des artistes et des intellectuels. Thérèse – ou Theresa – Cohen (1828-1909) et sa cadette Bertha (1832-1896), filles de rabbin, militaient pour l'éducation des jeunes filles juives ; elles avaient fondé plusieurs écoles en France et en Angleterre, qu'elles animaient souvent. Bertha, engagée dans la lutte contre l'antisémitisme comme son mari, feu David Levy, dit Lewis (1823-1885), perpétuait les bonnes œuvres de ce simple drapier devenu patron d'un grand magasin (Lewis's) ayant plusieurs succursales. Il avait consacré une partie de sa fortune au soutien à la communauté juive – y compris les Juifs persécutés de Russie –, aux hôpitaux et à la bienfaisance. On imagine que, à l'occasion de la *season*, Dick May et ces parentes partageaient leurs expériences.

Fille de rabbin, Dick May a certainement été amenée à s'investir en faveur de la communauté, à une époque où la bienfaisance constituait une grande part de l'activité des consistoires. Rendre visite aux nécessiteux ou superviser les quêtes l'a peut-être sensibilisée à la question sociale, et préparée aux campagnes et aux collectes qui l'occuperont ensuite. En mars 1924, il y a fort à parier que c'est elle qui permet à la section française du Keren Hayessod, fonds pour la construction d'établissements juifs en Palestine créé à Londres quatre ans plus tôt, de se réunir 16, rue de la Sorbonne[37]. Une invitation qui semble prolonger le cycle de conférences sur le sionisme dispensé dans les mêmes murs les mercredis après-midi entre janvier et mars 1923. L'annonce que diffuse *L'Univers israélite* confirme l'éclectisme maison[38].

Selon toute apparence, après la mort de son père, Dick May ne participe pas à des entreprises strictement communautaires, suivant l'élan, en ce XIXe siècle qui voit « la conjonction de l'avènement d'une philanthropie laïque et l'émergence d'une communauté juive fraîchement émancipée, reconnaissante, prête à épouser les valeurs de la société française[39] ». Alors que certains catholiques restent attachés au geste caritatif privé et souvent anonyme, les juifs ont compris quel gain tirer de pratiques plus amples et mieux coordonnées en termes de visibilité politique, mais aussi d'efficacité collective, car une saine émulation peut assurer des améliorations notables. Dick May s'est-elle, cependant, cantonnée à une position intermédiaire, suscitant groupements et actions charitables, tout en restant dans l'ombre ? Difficile de s'en assurer : elle n'a pas la fortune des plus grandes donatrices, dont la générosité est saluée, et elle se noie au milieu des dames Weil(l). Il y a peu de chances que Jeanne Proust se soit investie dans les bonnes œuvres juives, vers lesquelles la tradition familiale aurait pu la porter, comme son grand-oncle Crémieux, à la tête du consistoire central de Paris, ou son grand-père Baruch Weil qui en avait présidé le comité de bienfaisance de 1816 à 1820. Il est vrai que c'est plutôt la branche issue du premier mariage de Baruch avec Hélène Schoubach, fille du « chef de l'une des sociétés de secours (*hevra kadicha*) actives avant l'institution du consistoire[40] », qui a suivi ce chemin. Quoiqu'elle dispose de fonds beaucoup plus étendus que Dick May, Jeanne Proust risque de voir ses largesses ramenées aux obligations des femmes de médecin, à plus forte raison parce qu'elle vit avec un inspecteur général des services sanitaires.

## Autour du capitaine Dreyfus

Le dreyfusisme de Dick May et de Jeanne Proust excède bien entendu la « question juive ». Malgré la visibilité accrue qu'il lui offre, cet engagement demeure quelque peu insaisissable. Parfaite contemporaine du capitaine, né lui aussi en 1859 dans une famille juive d'origine alsacienne, Dick May a apposé son pseudonyme sur la troisième liste de « l'Appel à l'union » pour le renvoi en Cour de cassation du procès du lieutenant-colonel Picquart, parue à la une du *Figaro* le 26 janvier 1899. Femme dans une assemblée de messieurs, sans qu'on puisse deviner son sexe, elle ne précise pas sa qualité ainsi que le font la plupart des signataires. S'amorce le processus de dilution qui accentuera l'occultation des militantes par l'historiographie masculine. Dans les lettres qu'on a retrouvées, Dick May ne se réfère quasiment jamais « aux jours héroïques de l'Affaire[41] » ; c'est cinq mois après la réhabilitation du capitaine dégradé qu'elle y revient, sommant Charles Péguy de définir ce qu'il nomme « le parti intellectuel », car il reproche à leurs anciens camarades dreyfusards de s'être établis au sommet de l'État :

> [...] il me semble avoir surtout connu sous le nom d'« intellectuels » un groupe d'hommes où je retrouve tout de suite les noms de Grimaux, de Giry, de Duclaux ; je ne parle que des morts, parce que ça nous gênerait, tout modestes que nous sommes, de nous nommer parmi les vivants... [...] Je sais bien ; ça vous ennuie, que nous ne soyons plus les vaincus, et je sais bien aussi

que c'était plus amusant, de rager, - mais quoi ! Il y a tout de même certaines compensations au malheur de vivre, et d'être intellectuel ; et pour une demi-douzaine de prébendiers qui offensent votre religion, songez qu'il y a un Georges Piquart *[sic]* rue St-Dominique[42], et que vous y êtes pour q. q. chose ; et réfléchissez encore un peu avant de refuser, ô métaphysicien, toute miséricorde à la métaphysique[43]...

Quand le dramaturge André Antoine se trouve en bisbille avec le ministère, Dick May lui propose de faire jouer les réseaux qu'elle a constitués dans les luttes pour Dreyfus et pour Gorki : « Il y a une force dont vous n'avez pas encore usé, qui est extrêmement puissante, parce qu'elle n'"abuse" pas, - c'est le bloc des "intellectuels" ; elle a fait ses preuves dans l'Affaire ; elle a fait plus encore - le jour où nous avons arraché un homme au Tsar [...][44]. » Des actions menées au plus fort de l'Affaire, on ne saura rien, pas plus que du rôle que remplit Dick May dans la première Université populaire - La Coopération des idées, installée faubourg Saint-Antoine en octobre 1898. Quoiqu'elle appartienne à son comité de propagande, Dick May ne voit pas son nom imprimé sur les programmes de l'UP. Du reste, les femmes ne montaient sur l'estrade qu'à l'occasion de démonstrations artistiques. C'est sans doute pourtant dans ce creuset du dreyfusisme que Dick May a rencontré nombre des futurs collaborateurs du Collège libre des sciences sociales et de l'École des hautes études sociales. Brandir l'engagement dreyfusard de Dick May offre une labellisation légitimante, redonnant du lustre à cette oubliée ; mais cette labellisation s'appuie sur peu de sources... Le dreyfusisme de Jeanne Proust, qui à son époque n'avait de visibilité publique qu'en tant qu'épouse, se heurte lui au fait que son mari est antidreyfusard, et qu'on n'attend pas d'une mère de famille bourgeoise qu'elle exprime ses opinions politiques. Mais Jeanne Proust a des convictions, que partagent ses fils. Dans *Jean Santeuil*, roman auquel il travaille pendant l'Affaire, et qu'il délaissera après le procès de Rennes, Marcel Proust dénonce cet effacement du dreyfusisme au féminin à travers Madame Santeuil, *alter ego* de sa propre mère. Bouleversé que le lieutenant-colonel Picquart risque « cinq ans de forteresse », le personnage ressent un mélange de révolte et de résignation. Le Narrateur commente cette autre injustice :

> Les archives les plus minutieuses de cette époque ne mentionneront aucun acte de Mme Santeuil où semble s'être réalisée cette tendresse incessante que la moindre menace de malheur, le moindre espoir de consolation, de douce émotion pour les êtres avec qui elle se sentait en sympathie fraternelle, trouvait au même instant si vibrante. Son nom n'est inscrit parmi les présidentes, les vice-présidentes, les dames patronnesses d'aucune œuvre. Elle n'a jamais signé d'appel à aucune femme de France, elle n'a été dans aucun hôpital soigner des malades. Même, s'étant restreinte comme elle a fait à la vie obscure de la famille, elle n'a pas, dans le choix de son mari par exemple, [...] laissé un témoignage quelconque des généreuses aspirations de sa nature, comme certaines femmes qui, par un choix éclatant, cherchent en dehors de leur milieu un mari artiste ou humanitaire et dont le mariage a pour pierre angulaire, non le total de deux dots équivalentes ou l'association de deux situations sociales qui s'attirent, mais un même amour pour la musique de Wagner ou le même zèle ardent d'émanciper la femme ou de s'occuper des petits aveugles[45].

Sans renoncer à ses fréquentations antidreyfusardes, ayant appris qu'on a tendu un piège au capitaine juif, Marcel Proust milite pour la révision du procès. Aux extrémités de 1898, il donne deux fois sa signature contre les poursuites à l'égard de

Picquart[46], connaissance à qui il envoie un exemplaire dédicacé des *Plaisirs et les Jours*. Le nom de Marcel Proust figure dans le même paragraphe que celui de Dick May, « secrétaire générale du Collège libre des sciences sociales », quand *Le Temps* relaie la demande d'ajournement du procès Picquart en décembre[47].

Douze ans séparent Dick May de Marcel Proust, à peine plus que ce qui la sépare de Jeanne. En dépit de cet écart, Dick May et Marcel Proust gravitent tous deux à l'avant-garde. Les cercles de ces dreyfusards proches par leurs sensibilités et leurs pratiques littéraires (sur ce terrain, Dick May rejoint Marcel à mesure qu'elle s'écarte de Jeanne Proust : effet générationnel, ou question de tempérament ?) se recoupent en partie. Fin 1898, Dick May connaît-elle déjà Fernand Gregh, ami et condisciple avec lequel Proust a recueilli des signatures pour « Une protestation » ? Elle côtoiera en tout cas Gregh lors de l'inauguration de l'UP La Coopération des idées le 9 octobre 1899. Pas encore occupé à endiguer le symbolisme, Gregh contribue avec Proust à *La Revue blanche*. C'est dans cet organe dreyfusard, proche du Musée social, que Dick May appelle à doter des bourses de voyage pour les ouvriers, et aux éditions qui lui sont adossées qu'elle place son roman *L'Alouette*[48] – lequel a précisément pour cadre une petite revue. Plusieurs collaborateurs de *La Revue blanche* interviendront au Collège libre des sciences sociales puis à l'École des hautes études sociales, où enseignent par ailleurs Alphonse Darlu et Eugène Lintilhac, professeurs de Marcel Proust au lycée Condorcet, et Léon Brunschvicg qui y a été son camarade.

# Identités

Jeanne Proust et Dick May se saluèrent peut-être depuis leur loge, au Français ou aux Variétés. Pour ces spectatrices régulières, la soirée au théâtre ne relève pas seulement d'un rituel mondain ; l'une apprécie la tragédie, particulièrement Racine, dont elle transmet le goût à son fils ; l'autre avoue « [s]a prédilection pour l'âpre et savoureux talent de Curel[1] », dont les pièces à thèse triomphent alors. C'est ce genre qu'elle pratique elle-même, avec une obstination rarement payée de succès. Fin février 1894, elle assiste à la générale d'*Axël*[2], le drame philosophico-mystique que Villiers de l'Isle-Adam a laissé inachevé. Le Tout-Paris symboliste est en émoi, et Dick May, qui prend déjà part à la mêlée, l'est sans doute aussi. Gageons que l'intrigue de la pièce trouve en elle un écho particulier : Sara s'enfuit du couvent où elle a grandi, préférant les sciences occultes à la religion, puis, ayant renoncé à l'amour et l'argent, elle se donne la mort en compagnie d'Axël, de peur que le quotidien n'affadisse leur relation idéale. Fille de rabbin ayant choisi contre la volonté paternelle de se consacrer à la prose pour diffuser la science sociale laïque, quitte à renoncer au mariage auquel son milieu la destinait, Dick May avait de quoi s'identifier à ce personnage au prénom hébraïque.

## Peut-on s'identifier à son objet d'étude ?

Ainsi résumée, la scène ouvre dans la revue d'histoire intellectuelle *Mil neuf cent* le texte qu'en 2019 j'ai consacré aux stratégies d'effacement, à partir du cas Dick May[3]. Travaillant depuis longtemps à l'édition de sa correspondance, et projetant de lui consacrer un livre, j'avais jusqu'alors refusé de débiter mes travaux en articles. La parution simultanée de deux biographies m'avait résolue, non sans mélancolie, à synthétiser quelques réflexions[4]. Que l'héroïne de Villiers de l'Isle-Adam s'appelle Sara avait constitué un aiguillon supplémentaire, à l'heure d'introduire mon propos par une citation que je commenterais d'une manière qui indiquerait d'emblée mon appartenance (disciplinaire). Car s'il était probable que Dick May se soit identifiée à Sara, il semblait certain que Sarah Al-Matary s'identifiait à Dick May.

Une scientifique qui se respecte n'avoue pas ces choses-là. Elle admet tout au plus que ses sujets de recherche l'ont choisie autant qu'elle les a choisis. Même si elles associent au processus d'identification la figure de la mauvaise lectrice qui – comme Madame Bovary – se projette dans la fiction, les études littéraires auxquelles je suis rattachée admettent certes la validité d'une critique d'identification. Ce qu'on appelle parfois l'École de Genève n'a pas seule doté cette dernière d'une valeur heuristique, bien que les approches qui en découlent restent associées à l'un de ses représentants, Georges Poulet (1902-1991). Fidèle à une conception ancienne du commentaire guidé par la sympathie ou l'aversion, G. Poulet la dépassait en substituant l'univers mental de l'interprète (sa « conscience ») à celui de l'auteur pour remonter des œuvres aux expériences sensibles qui en constituent la source et en conditionnent souvent la structure[5]. Cette approche marquante a nourri celles qui se réclamaient du « plaisir du texte[6] » ou de la psychanalyse, bien qu'elle ait suscité un certain nombre de griefs – elle perpétuerait la tradition épidictique, entretiendrait la confusion biographique, essentialiserait la production des écrivains au fil du temps et substituerait au texte étudié un texte pensé par le critique. Pire, elle manifesterait un orgueil déplacé : pour s'être identifié à Proust, Roland Barthes lui-même se trouve suspect malgré ses précautions[7].

La question du rapport affectif aux objets d'étude, au cœur de la réflexion chez les anthropologues, traverse depuis longtemps la pratique historienne, mais a été surtout théorisée ces deux dernières décennies, pendant lesquelles plusieurs universitaires ont connu le succès avec des livres où ils assumaient leur subjectivité. Preuve – ou conséquence ? – de l'existence d'un marché éditorial pour ce type d'ouvrages. Parallèlement, depuis 2006 au moins, le débat sur les relations qu'entretiennent littérature et histoire lancé à la fin des années 1970 s'est ranimé autour de la place accordable à l'imagination dans le récit historien. Et il est désormais assez largement entendu, hors des sphères militantes, que tout savoir est situé.



## Le rameau commun

Aurais-je partagé tant d'années l'intimité de Dick May si elle n'avait pas été une intellectuelle juive dont les activités pédagogiques se déployaient dans ce Paris où, universitaire française et musulmane, je vis au milieu de l'architecture haussmannienne ? L'intime conviction que son engagement en faveur de la laïcité ne constitue pas un reniement de sa judéité m'étreindrait-elle si je n'étais moi-même habitée par mon éducation religieuse, quoique je ne prie pas quotidiennement et n'entre souvent à la mosquée qu'à l'occasion de visites touristiques ? Un monde sépare évidemment la grande bourgeoise « assimilée » de la fin du XIX^e^ siècle et la chercheuse d'après le 11-Septembre, bien « intégrée » aux institutions académiques. Dick May ne vit pas comme moi ici et maintenant. Attention aux analogies ; plusieurs historiens s'y sont brûlé les doigts ! Et puis, se comparer à une « princess[e] de la République[8] »...

Plusieurs proverbes arabes, à tort pris pour des hadiths, soulignent l'importance de l'onomastique en islam, où le nom est supposé recéler une part du caractère de la personne qui le porte. Sottise ou superstition, je suis fascinée par la possibilité de ce déterminisme. « Sans aller jusqu'à croire [...] qu'il y a toujours une prédestination des noms, c'est-à-dire notamment une liaison de la fortune au nom », je la tiens avec la Clio de Charles Péguy pour l'un des « mystères du temporel[9] ». En 1980, mes parents - un couple dit « mixte » (adjectif qui, dans cette acception, me hérisse) -, s'inquiétant de la progression de la xénophobie, ont choisi « Sarah », alors à la mode sous l'influence de la culture nord-américaine, et perçu comme peu connoté alors que, longtemps jugé typiquement juif[10], il avait été de ce fait stigmatisé. Une stratégie fondée sur le juste milieu, rappelant discrètement des origines sémitiques tout en revendiquant au quotidien une forme de neutralité marrane. Partage de références : ma mère admirait Sarah Bernhardt, divine quand elle incarnait ces héroïnes raciniennes que Jeanne Proust vénérait, et si « influent[e] » que Dick May songeait à lui confier un rôle dans sa pièce *Le Trône d'Arménie* ; mon père tenait, lui, à rattacher son premier enfant au rameau monothéiste commun, *via* l'épouse d'Abraham, prophète de l'islam.

Cette généalogie me tient à cœur. N'ayant pas d'autre prénom, je me sens tout entière Sarah, et j'explique par là ma fascination - romantique ? - pour le judaïsme. Attrait ancien, avivé quand j'ai rencontré Dick May, qui telle Saraï devenue Sarah avait changé de vie en changeant de nom, qui comme elle (et moi) avait dépassé la quarantaine sans avoir d'enfant... Parfois incrédule et jalouse, un temps inféconde, mais belle, intelligente et courageuse, Saraï/Sarah se révèle en tant que femme, dans tous les sens du terme. Les exégètes ont abondamment glosé cette conversion de Saraï en Sarah, le jour de la circoncision d'Avram/Abraham, affirmant qu'elle avait perdu un « yod » en lieu et place d'un prépuce, et que ce yod, « divisé en deux hei, l'un pour elle, l'autre pour Abraham », leur avait permis d'avoir une descendance : « Les deux existences d'Abraham et de Sarah, individuelles et rééquilibrées, pourront se réunir en un nouveau yod (symbole phallique), qui est la première lettre du tétragramme [YHWH][11] » représentant le nom ineffable du Tout-Puissant. Dieu sait si j'aime cet Y qui clôt mon patronyme et le pseudo de Dick May. L'amatrice d'anagrammes n'a pas pu s'empêcher de constater que, quand on enlève « May » à « Al-Matary », il reste « altar » – l'autel...

# Jamais sans ma mère

Chez les Weil, la transmission est résolument matrilinéaire. Jeanne témoigne à sa mère Adèle, née Berncastel en 1824, la même dévotion qu'a pour elle-même son fils Marcel. Les deux femmes se ressemblent et s'entendent. Des liens au-delà du sang, que Proust traduit dans la *Recherche* en attribuant au personnage de la grand-mère des traits ou des actes de Jeanne. L'esprit d'Adèle sourd, malgré la mélancolie, sur un portrait de jeunesse où elle pose dans une robe de velours passementée[1] ; les cheveux toujours élégamment nattés, on la retrouve dans ses vieux jours sur une autre photographie.

Elle meurt à 65 ans le 2 janvier 1890, laissant les siens au désespoir. Son aîné, Georges, resté dans le cocon familial, ne se marie qu'en 1891 et nomme Adèle, en sa mémoire, la petite qui voit le jour l'année suivante. La disparition d'Adèle Berncastel brouille le regard et la voix de Jeanne Proust ; elle ébranle Marcel, qui éprouve par anticipation le déchirement que lui procurera le décès de sa propre génitrice. Sa douleur, Jeanne Proust l'épanche sur un cahier aujourd'hui perdu, quand elle n'en disperse pas les morceaux choisis dans son carnet de citations : vers de « La Nuit d'octobre » ; poème des *Contemplations* où un enfant joue sans comprendre que sa mère trépasse… Cette douleur, son fils la sublime dans la

*Recherche*, où s'entrelacent les souvenirs de la mère et de la grand-mère. Exorcismes de plume.

7. Adèle Weil

## D'Adèle à Marcel : trois générations de lecteurs

Issue de la haute bourgeoisie commerçante, passée par le salon libéral des Crémieux – ses oncle et tante –, Adèle Berncastel a hérité d'une culture classique mais pas guindée, en matière de littérature et de musique. De ses origines rhénanes, elle conserve une bonne maîtrise de l'allemand, et son petit-fils de neuf ans tente en vain de lui faire perdre son latin[2]. On imagine que, si ce n'est pas elle qui a initié Jeanne à l'anglais, elle a accompagné son apprentissage des déclinaisons et ses premières mesures au piano. Les lettres par lesquelles les trois générations maintiennent le contact se doublent d'un échange de références livresques : c'est par cette « tradition des citations[3] » que se manifeste la *correspondance* entre Adèle, Jeanne et Marcel – la « fille » que Jeanne n'a pas eue. Il lui revient, juge Martin Robitaille, de « prendre le relais de cet épistolaire féminin », sous contrôle mais avec la liberté de ton que lui autorise son statut de garçon.

> *Écrire* n'a de sens pour lui que s'il peut être lu par quelqu'un, en l'occurrence quelqu'une, et pas n'importe qui : sa mère, qui est elle-même sous grande influence maternelle. Lorsque Marcel s'adresse à Jeanne, il sait qu'il s'adresse un peu, en même temps, à sa grand-mère. Comme le soutient justement André Green dans « La réserve de l'incréable », « le vrai rival de Marcel Proust auprès de la mère, ce n'est pas le père et ce n'est même pas la littérature où il peut réussir, c'est la mère de la mère dont Marcel lui dispute[ra] les faveurs sur le plan de la tendresse [...] »[4].

Pour les impressionner, le jeune Proust affine sa plume et ses citations. Madame de Sévigné, Molière, Racine, Saint-Simon – « [l]es principales lectures de Jeanne étaient déjà celles d'Adèle, et les lectures d'Adèle étaient probablement[5] celles de Rose [Silny][6] », sa propre mère, qui maîtrisait plusieurs langues, dont le latin. S'y ajoutent Musset et George Sand, qu'Adèle a connue chez les Crémieux, et dont elle se plaît à offrir les romans. Émule de la Sévigné – écrivaine et mère –, Jeanne Proust apprécie les lettres de Madame de Rémusat ; Goethe et Schiller ; Balzac et Madame Hanska. Les fragments qu'elle compile axiomatisent souvent les expériences (mariage, divorce, deuil...) auxquelles Dick May consacre ses fictions ; beaucoup concernent la maternité. Ainsi cette tirade d'Augier, perdue au milieu des fragments hugoliens :

« Nous n'existons vraiment que pour ces petits êtres / Qui, dans tout notre cœur, s'établissent en maîtres, / Qui prennent notre vie et ne s'en doutent pas / Et n'ont qu'à vivre heureux pour n'être pas ingrats[7]. »

## Les fils Proust dans le giron

L'histoire familiale se tisse dans une histoire littéraire où Marcel inscrira un jour son nom. Œuvre-vie sous le patronage de Jeanne Proust. Attentive au moindre souffle de son rejeton, elle contrôle son agenda, ses déplacements, ses fréquentations, ses lectures et écritures, ses comptes, sa mise, sa nourriture, son sommeil, ses selles même, moins par despotisme que par crainte qu'un écart lui fasse manquer plus que la classe. Discipline quotidienne. Au fil du temps, Jeanne Proust étouffe le moindre bruit susceptible de le réveiller, lui apporte ses journaux et sa correspondance, s'applique à ce que ses amis soient reçus avec égards. Inextricablement liée à son aîné par la ressemblance physique, un amour mêlé d'empathie, et comme « une télégraphie sans fil[8] », Jeanne Proust a pourtant deux « Loup » – c'est ainsi qu'elle surnomme chacun de ses garçons. Moins fragile que Marcel, plus conforme aux attentes de ses parents et de la société, Robert cause tout de même du tracas : parce qu'il a échoué lors de sa première présentation au baccalauréat, Jeanne embauche afin qu'il lui donne des leçons Léon Brunschvicg, futur collaborateur de Dick May, alors élève à l'École normale supérieure[9]. Elle s'assure que Robert soit assidu, qu'il révise, surveille ses frasques amoureuses, freine sa passion de *sportsman* pour la vitesse. S'il attrapait une suée pernicieuse ! En septembre 1894, elle trouve au chevet de Dick – la cuisse écrasée par un chariot de charbon après être tombé de bicyclette – une jeune aspirante au mariage, Marthe Dubois-Amiot, fille de la maîtresse d'Adrien Proust ! Bientôt, il faut préparer la noce...

Jeanne forme ses garçons : elle ne lésine pas sur les cours particuliers, leur enseigne la politesse, les initie l'un et l'autre à la littérature, ne rompt jamais le dialogue pendant les crises. Les douleurs matricielles qui l'affligent tournent Robert vers la gynécologie ; la complicité intellectuelle qu'elle a nouée avec Marcel oriente ce dernier vers une œuvre qui lui serait adressée : les traductions de *La Bible d'Amiens*, *Sésame et les Lys*, *Jean Santeuil*, *Contre Sainte-Beuve*, la *Recherche* enfin. Barthes, commentant l'édition du *Contre Sainte-Beuve* par Bernard de Fallois (1954), note : « – La Mère : il [Marcel Proust] voulait la mettre au centre de l'œuvre, lui donner le premier rôle [...] – mais elle ne cessera au fur et à mesure qu'il écrit, de s'effacer (passe plutôt à la grand-mère)* – Au début, il voulait que cette figure votive illumine toute l'œuvre – Elle est l'antithèse vivante de Sainte-Beuve : humilité, silence sur sa culture, bonté, courage – Reste dans l'œuvre, un ton de sérieux et de simplicité, sans artifice littéraire – [...] * La Mère, Fallois ne le voit pas, ne peut le dire, car aucun sens structural : vide *central*, tache aveugle, degré zéro de la littérature[10]. » Proust ne peut écrire sans elle, mais il a fallu qu'elle meure pour qu'il *écrive*.

## Dick May, instruite à domicile

Chez Dick May, c'est plutôt la perte du père qui a cet effet. Très attaché à la prédication, l'auteur de *La Parole de Dieu, ou la Chaire israélite ancienne et moderne* (1880) a dû transmettre à sa fille une éloquence, et le goût de l'oralité – au cœur des conférences qu'elle monte dans les établissements d'enseignement dont elle assure la direction. Le rabbin Weill avait lui aussi été directeur d'école, avant de se consacrer à la théologie. Figure d'autorité, il apparaît peut-être au début du roman *L'Alouette*, où Dick May transpose certains souvenirs autobiographiques, à l'instar du Proust de la *Recherche*. Sans les prendre pour argent comptant, on peut imaginer qu'ils trahissent quelque chose d'une formation dont on ignore tout. Le père de l'héroïne, Marthe, « passe les journées dans son cabinet, penché sur son bureau, la tête – une très belle tête – enfoncée dans des architectures de gros livres » ; sa fille s'immerge pour sa part dans la lecture « les jambes croisées à la turque » ou « étalée sur la face, les mains jointes sous le menton » à même le sol. À sept ans, elle suit « trois phares : Homère, Corneille, Duruy[11] » ; viendront ensuite les *Jeunes Enfants illustres*, les *Embarras de Paris*, Racine, les *Mémoires de Mademoiselle*, *Atala*, *Othello*, les *Histoires de Bas-de-Cuir*, *L'Allumeur de réverbères* et *Paul et Virginie*. Jeanne Proust partage peu ou prou ce répertoire.

L'instruction se fait d'abord en famille : un grand frère avocat offre des bouquins à Marthe, récite des plaidoiries. Cette Marthe, *alter ego* de Dick May, ressemble à la Judith dont Virginia Woolf imagine qu'elle aurait pu être la sœur brillante, mais privée d'études, de Shakespeare : « De temps à autre, elle prenait un livre, celui de son frère peut-être, et en lisait quelques pages[12]. » La future Dick May a dû piocher dans la bibliothèque de son père, suivre les recommandations de son frère Édouard, et partager ses trouvailles avec Georges, qui se destine à la profession d'historien. Ils ont la même culture et la même aspiration réformiste, au point qu'on ne peut déterminer si la sœur bénéficie des connaissances et des réseaux du frère, le contraire, ou si l'émulation est réciproque. Dans cette fiction qu'est *L'Alouette*, le père inculque l'histoire, recommande les *Considérations sur la grandeur et la décadence des Romains*, dicte des extraits du *Journal des débats* et de *La Revue des deux mondes* pour affûter l'orthographe de la petite, l'exerce à imiter les grandes épistolières, la fait disserter de Fénelon ou Thiers. Tôt, ils se livrent à « des entretiens très graves » sur des questions philosophiques (et sans doute religieuses) où percent déjà quelques désaccords. Plus discrète dans la transmission, la mère occupe la place du cœur ; elle enseigne le rudiment à Marthe, lui raconte des histoires moins austères que celles recommandées par le père : la « communion [est] naturelle, spontanée, indispensable » ; « ma mère et moi, nous lisons fréquemment les mêmes livres, sur lesquels nous échangeons des opinions ; et nous aimons souvent les mêmes personnages[13] », reconnaît Marthe. Cette complicité – si tant est qu'elle représente celle de Jeanne Weill avec sa mère Ève *Henriette* – rappelle fortement le lien qui unissait Jeanne Proust et Adèle Berncastel. L'affection qui unit les Jeanne à leurs cadets Georges les rapproche aussi. Le parcours du frère de Jeanne Proust, avocat auprès de la Cour d'appel, juge au tribunal de la Seine puis conseiller à la Cour d'appel, évoque certes spontanément celui de l'aîné de Dick May, Édouard, bâtonnier puis avocat spécialisé dans les affaires de divorce[14]. Mais son imposante bibliothèque et ses nombreux travaux savants (sur les relations diplomatiques, les élections législatives, par exemple) le tirent du droit vers le type d'histoire que son homonyme Georges Weill pratique en professionnel. Comme ce dernier, il ne quittera le domicile familial qu'à son mariage.

## Rue Victor-Massé, un gynécée

Dick May n'a jamais abandonné sa mère. Ses lettres transmettent, de la part de la bonne Henriette, l'« excellent souvenir », des « compliments affectueux », « tous les vœux »,

« mille choses[15] » encore. Depuis que celle qu'elle ose enfin nommer « maman » en public s'est éteinte le 2 août 1919, Dick May reste inconsolable. Qu'Henriette ait atteint les 92 printemps n'y change rien. Les deux femmes ont vécu pendant trente ans dans une telle « intimité » que Dick May ne supporte plus, après le décès, « l'appartement de la rue Victor Massé où [elle] la cherchai[t] sans la retrouver[16] ». Même en septembre 1914, pendant la Grande Guerre, alors que nombre de Parisiens aisés fuyaient la capitale, Dick May a gardé sa mère près d'elle, en dépit ou compte tenu de son grand âge. Elle n'aurait pas osé se plaindre de cette charge, qui revient aux filles célibataires. En deuil, elle emménage au 7, rue des Saints-Pères, en attendant de « trouver un appartement assez grand pour reconstituer la vie familiale dont [s]a mère était le centre, et qu'à cause d'elle, à cause aussi de [s]es frères et de [s]a belle-sœur, qui en souffriraient, [elle] ne veu[t] ni briser ni dénouer[17] ». Sa vie sociale s'en trouve bouleversée, puisque Henriette présidait le petit gynécée qui se réunissait quand Dick May invitait, entre autres, son amie Marguerite Dreyfus et sa mère à bavarder « sous la lampe », pendant que les plus jeunes « conférenci[aient][18] ».

Georges se souvient que sa mère possédait « un charme incomparable[19] » qui réjouissait les visiteurs. Henriette sympathise avec plusieurs des invités de sa fille, dont elle réclame des nouvelles. Dick May la tient informée des progrès de certaines entreprises intellectuelles, par exemple lorsque Georges Renard devient directeur de la *Revue socialiste*. À en juger par son style épistolaire, Henriette est peu lettrée ; mais elle a ses opinions, moins avancées que sa réformiste de fille, qui les relaie avec humour. Henriette et Dick May passent une partie de leurs vacances ensemble à l'étranger, chez des amis ou à l'hôtel, dans « deux chambres voisines, ou une très grande chambre à deux lits[20] ». Dick May doit

« négocier » lorsqu'elle souhaite s'isoler. Elle demande ainsi à Louise Renard de lui indiquer, dans les hauteurs helvétiques, « un hôtel, une pension, n'importe quoi, archi convenable », et de l'aider à faire accepter cette retraite : « avec une lettre encourageante de vous, je ferais avaler le fait accompli à ma mère[21] ».

Henriette maintient le contact avec certaines connaissances de sa fille. Elle échange ainsi quelques courriers avec Louise Renard, qui l'a reçue en Suisse, et qu'elle héberge à son tour à deux pas de son domicile, au 25, rue Victor-Massé, dans la garçonnière où vivait Georges jusqu'à son mariage en juin 1899. Branle-bas de combat ; les Weill se mettent en ordre de batterie. Femme de sa génération, très sensible aux qualités de « l'excellente ménagère[22] », Henriette s'inquiète des casseroles : « "Peut-être préfèrent-ils l'émail ? ou la terre ? ou ?..." [Sa fille] suggère : "Peut-être ça leur est-il parfaitement égal ?" » Elles coupent la poire en deux : « "Si Mme Renard tient à certaines casseroles, qu'elle les apporte, et nous compléterons ce qui lui manque. Sinon, nous lui donnerons tout ce qu'il lui faut..."[23]. »

Henriette profite de ces rapprochements épistolaires pour donner ou prendre des nouvelles de sa fille, dont la santé l'inquiète toujours – elle craint qu'elle ne s'épuise par surcroît de travail ou d'exercice physique. Aussi se félicite-t-elle que Dick May ait « mangé, et avec plaisir, du canard au déjeuner » après s'être tenue éloignée de la « viande » depuis « plus d'un mois[24] ». Préoccupations de mère, autant que d'époque, les parents Proust encourageant pour leur part leur fiston « à réduire [s]es quantités de fromage à la crème (penser un nombre, prendre la moitié, etc.)[25] ». Doit-on voir, chez Jeanne Proust qui transmet ces conseils hygiéniques, une manière subtile de limiter le non-respect de la *cacherout*, Marcel aimant à coupler la viande et les produits laitiers dans un même repas ? La mère de Dick May joue également les « médecins[26] ». Elle se félicite que sa fille prenne le bon air des cimes, tant qu'elle ménage ses efforts de randonneuse.

N'est-ce pas d'Henriette que Dick May tire son énergie ? Beaucoup « admire[nt] [l]a vitalité » de la vieille dame : même avec « deux côtes cassées » après être « tombée sous une voiture », à 80 ans, « elle se remet très bien[27] ». Mais quand, en 1911, « une grippe infectieuse » a failli l'emporter, le « dévouement » de sa fille à son chevet « l'a sauvée[28] », si l'on en croit cette dernière. C'est logiquement à cette célibataire qu'incombe le *care*.

## Nullipare, mais pas sans enfants



Dick May, jamais sans sa mère, n'aura pas d'enfant. En leplaysienne, elle ne cesse cependant de réfléchir à la place sociale de la femme comme procréatrice. Elle résume ainsi le juriste allemand Rudolf Stammler, qui affirme que « [d]eux choses sont à considérer dans la réalisation de l'idéal social, – la mère et l'enfant ; Marx (les marxistes) sacrifie la mère, (la société) ; les conservateurs sacrifient l'enfant (l'idéal social) ; la solution serait de sauver la mère et l'enfant...[29] ». La question habite assez Dick May pour qu'elle la mette au cœur de son œuvre, comme l'affichent la nouvelle « Devant la mère », publiée fin 1894 dans le *Journal des débats*, et plus encore *Mère* (1911), dont elle espère beaucoup[30], ce type de pièce étant à la mode. Sur scène, Élisabeth Burnet. Séduite dans un moment de défaillance, au point qu'on se demande si elle n'a pas été violée, elle s'est retrouvée grosse d'un enfant que le père, interne en médecine, ne souhaitait pas assumer. Dès les premiers instants, elle se voue corps et âme au nouveau-né, oubliant la préparation à l'agrégation de lettres pour se faire couturière. Son féminisme consiste à refuser de placer le bébé en nourrice, et à s'assurer qu'elle seule en aura la responsabilité. Jusqu'à l'adolescence, sa fille Colette n'a d'yeux que pour sa mère – ce qui en fait la proie des moqueries de ses collègues. À la fin du spectacle, quand le père se décide à reconnaître son enfant, les deux femmes le refusent ; elles repoussent aussi, malgré des sentiments partagés, l'ami qui se proposait d'épouser la mère et d'adopter la bâtarde. Le rideau tombe sur les héroïnes, libérées des hommes. Colette sanglote : « Non ! mère ! Reste avec moi, nous deux, rien que nous deux ! Reste avec moi, mère ? Nous étions si heureuses, nous ! Restons nous deux, mère ![31] » Ce mot de « mère », dont se gaussaient les compagnes ouvrières de Colette, est bêlé dix fois dans les dernières répliques. Il y a là, sinon un mythe personnel, du moins une structure obsédante, puisqu'une autre pièce de Dick May se conclut par un repli du héros dans le giron maternel : *La Courroie sans fin* (1912).

Après avoir été au faîte de sa carrière, le ministre Gilbert Delorme, coupé de sa femme et de ses amis, est consolé de sa déchéance politique par sa mère, à laquelle il se plaint : « Nous étions si heureux, autrefois, – nous deux[32]... » Cette œuvre ne sera ni représentée ni imprimée, malgré l'opiniâtreté de Dick May. André Antoine, échaudé sans doute par l'accueil en demi-teinte de *Mère*, qu'elle l'avait presque acculé à monter avant de lui reprocher de l'avoir coupée et placée en « lever de rideau[33] », n'acceptera plus ses textes. Robert de Flers – un intime de Marcel Proust – juge que *Mère*, « pleine d'intentions généreuses, très élevée de sentiments, et d'une moralité vengeresse à l'égard des vils séducteurs », « manque de vie et [...] est maladroitement construite[34] » ; on s'ennuie.

Pendant la Grande Guerre, Dick May transpose sur un autre terrain son combat pour la dignité des mères et de leur progéniture. Non contente d'accueillir à l'École des hautes études sociales dès août 1914 l'œuvre La Sauvegarde des Enfants, à laquelle elle participe (cette association place les petits en détresse dans des colonies scolaires ou chez des particuliers), elle crée quelques mois plus tard avec Alfred Croiset l'Orphelinat des Armées, la plus importante des structures laïques de ce type. Il s'agit d'apporter aux veuves et aux orphelins un complément à la pension versée par l'État, et d'assurer aux plus jeunes une formation encore plus étendue que celle préconisée par les lois Ferry : la « fréquentation de l'école maternelle avant 6 ans, sauf si la mère, encore vivante, fait preuve d'une culture suffisante pour assurer cette instruction elle-même », et à partir de 13 ans, « "un complément d'instruction ayant un caractère professionnel [...]"[35] ».

Hélas, ses ennemis tiennent toujours Dick May en joue. À gauche, on lui reproche sa collusion avec l'État républicain, qui soutient l'initiative ; à droite, on la suspecte de vouloir damer le pion aux entreprises chrétiennes et proprement françaises. Charge fortement antisémite, qui la prend nommément pour cible (Croiset n'est ici que victime collatérale) : encore une fois, ce n'est guère qu'à des fins polémiques qu'on reconnaît à Dick May un rôle prépondérant. L'Orphelinat des Armées s'adosse à une Fraternité franco-américaine, laquelle chapeaute le parrainage financier et affectif de petits Français auxquels leurs familles d'adoption écrivent. Si les orphelins ont encore leur mère, ils n'en seront séparés que le temps des vacances d'été, durant lesquelles l'Orphelinat des Armées organise des séjours agréables dans différentes régions de l'Hexagone. À la faveur d'un don américain, une maison de repos s'ouvre au Pouliguen, en Loire-Inférieure ; elle accueille aussi les orphelins sans famille. Autour de 1919, Dick May s'éloigne de l'Orphelinat : c'est qu'elle est, à son tour, devenue orpheline.

# L'esprit et la lettre

En privé, Jeanne Proust se laisse volontiers photographier avec un livre. Deux clichés la donnent à voir au salon[1]. Le volume qu'elle tient s'intégrerait au décorum – épais tapis, bergères, tentures – s'il n'était ouvert.

8 et 9. Jeanne Weil au salon

Plongée dans ses pages, Jeanne Proust ne fixe pas l'objectif. Cette pose, conforme à une représentation ancienne des lectrices, répond à celle d'Adrien Proust, en toge professorale, signant des documents de la faculté de médecine[2], sur un tableau accroché presque en vis-à-vis. Ici et là, la tradition iconographique entérine des attitudes genrées : la femme lit, l'homme écrit. Ou plutôt : sont immortalisés plume en main les individus qui font profession d'écrire.

10. Jean-Jules-Antoine Lecomte du Nouÿ, *Portrait du docteur Adrien Proust*, 1885

## Une culture partagée

Chez les Proust, on écrit beaucoup, mais pas pour faire bouillir la marmite : à partir de 1890, quand les garçons sont en cours (ou serait-ce avant de se coucher ?), Jeanne couvre ses propres cahiers d'une écriture où la graphie reste conforme aux usages d'époque. En couverture de l'« Exercice Book » où elle note des citations, la déesse Athéna symbolise la sagesse et les arts pour celle dont la main suit une ligne stricte, comme si elle s'appuyait sur une règle ou le haut d'un buvard. Rien de tel chez Dick May, qui développe exagérément certaines lettres et orne ses majuscules ; si elle s'est choisi Athéna pour patronne – elle donnera son nom (orthographié avec un accent grave) à la revue de l'École des hautes études sociales autour de 1910 –, c'est en combattante convaincue du rôle civique de l'enseignement.

Pour n'avoir rien publié, Jeanne Proust n'en est pas moins une femme de lettres. Au sens strict, d'abord : en bourgeoise cultivée, elle maîtrise les codes de l'épistolaire, tenu pour un « genre féminin », « la littérature de ceux – ou de celles – qui n'écrivent pas, ou ne devraient pas écrire[3] ». À ce titre, elle rédige dans l'ombre, une fois expédiés ses propres plis, une part de la correspondance de son mari, activité qui prolonge l'organisation de dîners mondains où se retrouve le cercle du docteur. La correspondance entretient d'autant plus efficacement les réseaux qu'elle est pleine d'esprit. Et Jeanne Proust, de l'avis général, n'en manque jamais, quelle que soit la table. Comme Madame de Sévigné dont tout un chacun reprend les bons mots dans son milieu, elle combine naturel et érudition, observation psychosociologique et emphase, convenances et humour. Les jeunes femmes aisées sont certes formées à ce style conversationnel ; la correspondance de Dick May – moins centrée sur la famille que celle de Jeanne Proust – en témoigne aussi. La presse quotidienne, les revues, les ouvrages empruntés au cabinet de lecture ou recommandés par des proches fournissent une matière première polie de conversation en conversation.

La bibliothèque vitrée du petit salon des Proust, boulevard Malesherbes, contient-elle les éditions de Sévigné,

Saint-Simon et Ruskin reliées aux initiales de Marcel ? Y trouve-t-on les œuvres de George Sand, qui rejoint cette trinité d'écrivains autour desquels se sont constitués sinon une culture, du moins un culte familial ? Sans toujours pouvoir le documenter, on a dit que, pour les parents de Jeanne Proust, les *Mémoires* de Saint-Simon formaient une autre bible, et qu'Adèle lui aurait transmis sa passion pour la Sévigné[4]. À coup sûr, Marcel s'est réapproprié ces références pour marquer son autonomie : non pas se maintenir dans le giron, mais couper le cordon, tout en préservant une connivence. Roi de la distorsion et du remaniement (voire de l'inversion), il édite Ruskin de façon très critique, pastiche Saint-Simon et Madame de Sévigné, prend ses distances avec elle, Sand, et une tradition familiale de vulgarisation de la littérature.

Ces auteurs occupent chez Dick May une place également centrale, mais souvent dissimulée. Une épistolière aussi assidue que cette dernière n'a pu ignorer l'œuvre de la marquise, dont un établissement laïque d'enseignement secondaire pour filles, le Collège Sévigné, portait alors fièrement le nom. Dick May soutient sa directrice, à laquelle elle pourrait s'identifier complètement si cette dernière n'était infirme : née dans une famille juive installée en Lorraine, Mathilde Salomon (1837-1909) est restée célibataire sans enfant, ayant voué son existence aux travaux intellectuels et à la philanthropie. Le patronage de Sand n'est pas non plus revendiqué par Dick May. Silence suspect qui dit sans doute plus bruyamment que toute référence la dette à l'égard de celle qui, avant elle épistolière, journaliste, romancière et dramaturge « éclectique » attachée à la question sociale, publiée par Calmann-Lévy, a choisi un pseudonyme masculin. J'ai un temps pensé que celui choisi par Jeanne Weill combinait un clin d'œil à la « bonne dame de Nohant » au nom d'un héros vernien, l'énergique Dick Sand d'*Un capitaine de quinze ans* (1878). Si clin d'œil il y a, c'est plutôt dans *Mère*, où l'héroïne fait de brillantes études à l'école de filles George-Sand – un établissement *a priori* imaginé de toutes pièces. Alors que, chez les Proust, on goûte les descriptions sociales du duc de Saint-Simon, chez les Weill, c'est plutôt le comte de Saint-Simon, lointain cousin du mémorialiste de cour, qui stimule la réflexion. Jeanne Proust, par la branche Crémieux, s'est imprégnée de ce saint-simonisme dont le frère de Dick May s'est fait l'historien. Avant de publier *L'École saint-simonienne, son histoire, son influence jusqu'à nos jours* (1896) qui lui vaut le prix Montyon et un poste au lycée Janson-de-Sailly, Georges Weill a tenu à consacrer une monographie au propre comte de Saint-Simon, « plus célèbre que connu[5] ». L'attirait sans doute, chez cet homme, la volonté d'articuler « rénovation scientifique » et « rénovation sociale », ce à quoi lui-même et sa sœur Dick May prétendaient aussi. De fait, la pensée de Saint-Simon sera bien représentée dans les établissements que fondera Dick May, entre autres lors des cours donnés à l'École des hautes études sociales. Dick May promeut les travaux de son frère sur Saint-Simon et les saint-simoniens auprès de ses contacts, avant de se trouver elle-même associée auxdits travaux : lors du lancement de la Bibliothèque générale des sciences sociales chez Alcan (qui avait publié l'un des ouvrages de Georges Weill), sa responsable Dick May est présentée comme « la sœur d'un professeur de l'Université qui publiait tout récemment sur le Saint-simonisme un livre plein de vues ingénieuses et de faits[6] ».



## Ruskin

C'est aussi par le social que Dick May aborde John Ruskin (1819-1900). Il suscite une véritable passion en cette fin de siècle, particulièrement dans la « nébuleuse réformatrice[7] », au point d'être « enrôlé » « sous la bannière solidariste[8] ». Autour de 1890, différentes contributions marquent l'étendue de sa pensée et donnent à lire certains de ses textes en français. Les premières traductions paraissent à l'initiative de militants républicains, au sein du *Bulletin de l'Union pour l'Action morale*[9] animée par Paul Desjardins, mais aussi sous la plume d'essayistes comme Robert de La Sizeranne[10]. Actualité oblige, après la mort du grand critique d'art britannique, à l'époque où Marcel Proust prolonge ses nécrologies de plusieurs articles[11], Dick May commente *Le Mouvement idéaliste et social dans la littérature anglaise au XIXe siècle. John Ruskin*, de Jacques Bardoux, et *Ruskin et la Bible, pour servir à l'Histoire d'une Pensée*, signé H. J. Brunhes[12]. Afin de mieux acter sa participation à la diffusion de Ruskin, Dick May se met en scène ; elle rappelle qu'elle fréquente des disciples du maître, et qu'en juin 1899, lors d'un déjeuner dans un cottage au bord de la Tamise, elle a moins goûté l'« ombre » des peupliers que celle de Ruskin. Son éclectisme, son socialisme chrétien qui rappelle la doctrine leplaysienne, ses engagements en faveur de l'éducation des filles, l'édification populaire par la littérature ont de quoi la séduire :

> Esthétique nouvelle, théorie sociologique, doctrine et prédication de l'art éducateur, de l'art accessible et fraternel, de l'art humain, retour de l'art à ses sources, recherche et adoration du beau dans la nature, – recherche et découverte de l'inspiration dans l'étude, affranchie de la tradition, dégagée de la règle étroite, dans l'étude immédiate de la nature et le contact direct de l'humanité, c'est l'œuvre de Ruskin : [...] – personne aujourd'hui n'a le droit de l'ignorer[13].

La recension de deux ouvrages récents qui étendent son rayonnement s'imposait, d'autant que Dick May en connaît les auteurs. Georges Picot, membre éminent du Musée social, lui avait-il présenté son gendre Jacques Bardoux ? Quelques mois plus tôt, elle avait en tout cas interrogé ce dernier lors d'une enquête sur les Universités populaires[14] qui fait encore référence aujourd'hui. Avocat libéral, fils d'un ancien ministre de l'Instruction publique, des Cultes et des Beaux-Arts, Bardoux était rentré d'Oxford – où Ruskin avait étudié, puis enseigné – fasciné par les expériences d'intégration des travailleurs manuels au monde universitaire. Walter Vrooman et Charles A. Beard venaient en effet de fonder le Ruskin Hall, un *College* ouvert à des étudiants issus de milieux ouvriers, tandis que les rencontres entre les classes sociales se multipliaient au Toynbee Hall, ainsi nommé en mémoire de l'historien Arnold Toynbee, grand lecteur de Ruskin et promoteur des *settlements*. Dès 1899, ces entreprises avaient inspiré à J. Bardoux la Fondation universitaire de Belleville, une coopérative rapprochant intellectuels et ouvriers. Au sein des Universités populaires, l'entreprise se distingue surtout par la possibilité de résider sur place. Dick May y passe, sans qu'on puisse y mesurer son investissement ; de manière plus générale, elle fréquente les cercles dreyfusards qui contribuent à faire connaître la pensée ruskinienne : dans le sillage de la librairie G. Baillière, pionnière du ruskinisme en France, Alcan – chez qui Dick May dirige une collection – publie la thèse où Bardoux a complété ses aperçus périodiques.

Quant aux Brunhes – Henriette et Jean –, Dick May les côtoie au Collège libre des sciences sociales où le géographe Jean Brunhes intervient, et partage avec eux l'amitié des Renard. Dans une lettre où il annonce ses fiançailles, Jean décrit sa promise, catholique éprise d'action sociale, « formée par la lecture de *Ruskin* », comme « une des plus belles incarnations de l'esprit de justice[15] ». On imagine tout ce que doit à Henriette, anglophone, le livre que, en bonne épouse, elle publie sous leurs initiales communes : la dédicace à son père dit assez la « paternité » de l'ouvrage. Dick May ne s'embarrasse pas de convenances : alors que la plupart des recenseurs prêtent l'ouvrage au mari, en collaboration avec sa femme, elle l'attribue à cette dernière seule. Moins colossale que la thèse de Bardoux, l'étude – qui couvre plus de 265 pages quoique Dick May la présente comme un « petit livre » – « démêle avec une sympathie passionnée l'action d'une éducation profondément religieuse sur toute la vie de Ruskin, sur le développement de sa pensée, sur son cœur balancé entre l'attrait de l'esthétique pure et les devoirs de l'esthétique didactique[16] ». Une même hésitation tiraille Dick May, acculée à pratiquer une littérature alimentaire, et absorbée par les impératifs du secrétariat alors qu'elle ambitionne mieux.

Ruskin, on le voit, à tout pour séduire les femmes éprises d'idéal. Aussi Jeanne Proust ne l'a-t-elle pas nécessairement découvert par son fils. N'est-elle pas apparentée à Mathilde Crémieux, qui traduira Ruskin – sa version des *Pierres de Venise* paraîtra certes après la mort de Jeanne[17], qui l'a peut-être inspirée ? Sans doute plus attentive aux inégalités que son fils Marcel, comment cette lectrice de l'Ancien Testament n'aurait-elle pas trouvé chez Ruskin une nouvelle façon de prouver son assimilation ? Comment l'appendice sur la paupérisation du logement[18] n'aurait-il pas intéressé l'épouse d'un inspecteur des services sanitaires ? Comment, en elle, la femme n'aurait-elle pas vibré à l'éloge des héroïnes, guides empathiques de l'autre sexe ? Nonobstant les travaux qui engagent à nuancer l'ascendant intellectuel de Jeanne sur Marcel Proust, on rêve qu'il se soit intéressé à Ruskin moins sous l'influence de Reynaldo Hahn, d'Alphonse Darlu ou de Paul Desjardins que sous celle de sa mère. Pour lutter contre ce qu'elle considérait comme une forme de débauche et « favoris[er][19] » une production plus honorable que la fiction romanesque (Proust s'enlise alors dans *Jean Santeuil*), on sait qu'elle l'encouragea à se pencher sur Ruskin, ce qu'il fit dès l'automne 1899. À l'idée d'article se superpose rapidement un projet de traduction. L'impatient, ravi par un extrait des *Sept Lampes de l'architecture* de Ruskin[20], lui indique la marche à suivre dès l'automne 1899 :

> Tu serais bien gentille demain matin de me traduire sur des feuilles du format que tu trouveras (plutôt grand) sans écrire au dos, sans laisser aucun blanc, en serrant ce que je t'ai montré des Sept Lampes… Et d'autre part tu me rendrais également service en copiant la page ci-jointe entourée de crayon bleu (j'avais commencé à entourer de crayon bleu le dos mais cela ne compte pas). Tu commenceras au premier mot (qui est à notre pensée), finiras au dernier (qui est : pour te rechercher, pour), sans t'occuper que le sens soit interrompu, ne copie rien de ce qui est au dos. Mais garde-moi non seulement ta copie, mais la page ci-jointe dont je me servirai[21].

Plus tard, il précise :

> Fais la fin de la *Bible* [*d'Amiens*, ouvrage de Ruskin] comme tu sais et au net. Au contraire les prophètes et les mois de l'année en brouillon. Mais ne t'occupe pas de la première page de torts que tu devais recopier. Nous ferons cela ensemble car je ferai des changements. Je te mets tes feuilles près de mon mot. Je laisse tout au salon excepté mon manuscrit copié que j'emporte chez moi pour que les pages ne puissent plus être déplacées[22].

Son fils sachant surtout l'allemand, Jeanne Proust s'exécute, traduisant mot à mot *La Bible d'Amiens* sur des cahiers anglais qui rappellent ceux où Ruskin tenait son journal. Une part de ces manuscrits est conservée à l'université de l'Illinois, l'autre à la Bibliothèque nationale de France, qui les a mis en ligne. Entre les pages où Marcel rature à la hâte, l'internaute reconnaît soudain l'écriture de Jeanne, régulière malgré des barres démesurées sur les *t*, avec ses *x* finaux qui ressemblent à la lettre grecque *φ*[23]. Marcel Proust a déjà transcrit l'essentiel, mais les feuillets originels prouvent que sa mère a respecté le protocole qu'il a imposé. C'est sans doute pour lui également qu'elle traduit un extrait des *Portraits imaginaires* de Walter Pater consacré au peintre Antoine Watteau et une longue notice sur Robert Louis Stevenson[24]. Consulter ces manuscrits procure une émotion d'autant plus poignante que, avec quelques lettres et la reproduction en fac-similé des *Souvenirs*, c'est la seule empreinte directe de Jeanne Proust.

En mai 1899, elle et Marcel retrouvent à Venise, sur les traces de Ruskin, Reynaldo Hahn et sa cousine anglaise Marie Nordlinger. Avec d'autres, ils réviseront la traduction de Ruskin, que Marcel s'appliquera à rendre plus élégante, suivant des critères qui lui appartiennent. Plus qu'un tandem, moins qu'une équipe, ils tentent de concilier l'art et l'avis d'un esthète : « Ce qu'il est difficile de savoir, écrit Martin Robitaille, c'est si Proust, pour travailler, utilise à la fois la traduction de sa mère et la traduction de Marie, ou s'il ne donne pas plutôt la traduction de Jeanne à Marie, qui la modifie avant de la redonner à Proust. Rien n'indique pourtant que la jeune anglophone ait travaillé à partir de la traduction maternelle. Qu'advenait-il donc de celle-ci alors[25] ? » Sans pouvoir se référer à l'original, on a beau jeu, aujourd'hui, de souligner les rares manques et les erreurs laissés par Jeanne Proust dans ce texte que Marcel allégeait et récrivait. Du reste, la plupart des traducteurs officiels de l'époque ne faisaient pas autre chose...

De 1899 à la mort de sa mère en 1905, Marcel Proust et cette dernière s'attacheront aux textes de Ruskin, partageant sans doute leurs lectures : elles incluent bien sûr le livre des Brunhes. Tâche qui dut supposer une forme de complicité, mais aussi d'aliénation mutuelle, l'exigence de l'une y disputant au caprice de l'autre. Double vampirisme. Il déclenche chez le fils, frustré de ne pouvoir s'adonner à sa propre œuvre, une souffrance acrimonieuse qui transparaît dans la correspondance à sa mère en 1902-1903. Une configuration que résume M. Robitaille, à la suite d'éminents (psych)analystes : « En travaillant à la traduction du texte de sa mère, il entrait dans un espace incestueux dont il aurait très bien pu ressortir fou, ou ne pas ressortir du tout. Pénétrer la langue maternelle avec sa mère, c'est s'exposer à une angoisse épouvantable, et entrer en déflagration parce qu'il n'a plus aucune protection, plus aucune peau[26]. »

Achevée en 1901, la traduction de *La Bible d'Amiens* ne convainc pas les grands éditeurs, mais la revue *La Renaissance latine* en publie des extraits en 1903. Après le décès d'Adrien Proust, Marcel pense renoncer à cette traduction ; sa mère lui remet le pied à l'étrier, prétendant que c'est ce qu'aurait voulu le père. Puis elle-même rend l'âme, abandonnant son fils dans une mare d'encre et de larmes. Christian Péchenard raille : « Sa mère l'aura tant bassiné avec Ruskin qu'il perdra la moitié de sa vie à faire semblant de traduire *La Bible d'Amiens* ou *Sésame et les Lys* » ; « Si elle avait vécu vingt ans de plus, Marcel aurait traduit l'œuvre complète de Ruskin qu'il détestait[27] ». Marcel Proust parachève *Sésame et les Lys*, deux conférences de Ruskin auxquelles il pense adjoindre une préface, mais renonce à traduire, du même, *Le Repos de Saint-Marc*. Il n'en peut plus. *Sésame et les Lys* paraît en 1906 au Mercure de France, sans un mot pour sa défunte mère. Pudeur, honte ou ingratitude, il ne l'avait pas non plus nommée lorsqu'il cherchait à placer sa copie. Les considérations intimes auraient certes détonné pendant une négociation professionnelle. Reste qu'on frôle le lapsus quand il écrit à Constantin de Brancovan :

> Vous aviez eu l'amabilité de me demander des choses de moi pour la *Renaissance latine*. [...] Je viens de faire une traduction complète d'un admirable livre de Ruskin essentiellement « Latin » *La Bible d'Amiens* [...] À cause du grand intérêt qu'il me paraît présenter (je parle ainsi parce que je n'y suis pour rien, sinon pour la traduction) je comptais en publier [...] au moins la plus grande partie dans une Revue[28].

Il invisibilise l'effort de traduction mené par sa mère et la charge pour se disculper : « Vous auriez eu le paquet du 15 Mars en même temps que celui-ci si Maman prise d'une crise de rhumatisme n'avait oublié de l'envoyer à temps à la machine à copier[29]. » En porte-à-faux quand on lui reproche, à lui, des « contresens », il se défend ainsi :

> [...] il n'y a pas une expression ambiguë, pas une phrase obscure sur laquelle je n'aie demandé des consultations à au moins dix écrivains anglais et sur laquelle je n'aie un dossier de correspondance [...]. Je ne sais pas un mot d'anglais parlé et je ne lis pas bien l'anglais. Mais depuis quatre ans que je travaille sur la *Bible d'Amiens* je la sais entièrement par cœur et elle a pris pour moi ce degré d'assimilation complète, de transparence absolue, où se voient seulement les nébuleuses qui tiennent non à l'insuffisance de notre regard, mais à l'irréductible obscurité de la pensée contemplée[30].

Ce que Marcel Proust a « assimilé » au point de l'oublier, c'est le texte de sa mère. Elle est devenue sa Bible.

L'aide de Marie Nordlinger n'est mentionnée que dans la note ouvrant la préface à *Sésame et les Lys*, note où les chicaneurs décèleraient une pointe d'ironie : « à mon amie Mlle Marie Nordlinger qui, tellement mieux occupée à ces beaux travaux de ciselure où elle montre tant d'originalité et de maîtrise, a bien voulu pourtant revoir de près cette traduction, souvent la rendre moins imparfaite[31] ». Dans *La Bible d'Amiens*, son nom apparaît de manière anecdotique, en bas de page[32]. Ce volume, que Ruskin souhaitait placer en tête du cycle *Our Fathers Have Told Us*, est « tendrement dédi[é][33] », en toute logique, à Adrien Proust disparu pendant que son fils corrigeait les épreuves. Avec *Sésame et les Lys*, on attendait que ce dernier rende un pareil hommage à feu sa mère, dont l'aide n'était pas même évoquée dans les remerciements de *La Bible d'Amiens*, très masculins. Délicatesse, manœuvre dilatoire ? Proust prétend s'être tu « pour qu'il ne soit pas question d'elle dans ce qu['il] écri[t] jusqu'à ce que soit achevé quelque chose qu['il a] commencé et qui n'est rien que sur elle[34] ». Prononcé une fois dans les « soixante-quinze feuillets » qui constituent le plus vieil état de la *Recherche*, le prénom de « Jeanne » luit avant de s'évanouir[35]. Mais c'est autour d'une « conversation avec Maman » que sera bâti *Contre Sainte-Beuve*.



## Écrire comme on converse

Contre Sainte-Beuve, l'homme des *Causeries*, Marcel Proust engage donc une conversation. Héritier du commerce salonnier d'Ancien Régime, ce type de critique tire aussi son origine du dialogue philosophique, tel qu'il s'est épanoui depuis l'Antiquité, et emprunte au genre épistolaire. De Mademoiselle de Scudéry à Jane Marcet, les femmes ont fait leur miel de cette forme où on les tolérait. Dick May donne un tour conversationnel à la plupart de ses écrits :

ses fictions sont saturées de dialogues, qu'elles relèvent de la prose semi-mondaine ou de la littérature à thèse. Elle s'y exprime volontiers à la première personne, interpellant le lecteur, insérant lettres, journaux ou documents fictifs. Sa correspondance même prend la forme d'une conversation, où abondent les marques d'oralité (ponctuation expressive, incises, interjections, questions adressées...). Parfois – la pratique est certes répandue –, elle intègre des extraits d'autres lettres, ce qui accentue la polyphonie.

Outil de séduction intellectuelle, la conversation repose sur le contraste entre le sérieux et l'alacrité. Dick May, femme de tête elle-même dans une position intermédiaire, y excelle. Avec certains de ses nombreux correspondants masculins, elle maintient l'honnêteté, au sens classique du terme, sur le fil qui la sépare de ses acceptions plus contemporaines. Elle flirte presque avec Gabriel Tarde quand elle lui avoue : « Quelle singulière intelligence que la vôtre ! [...] je n'en sache pas qui m'attire davantage. Pourquoi ne le dirais-je pas ? Il ne s'agit que d'intelligence. » Ou lorsque, pour désamorcer une crise, elle promet de lui « ouvrir [...] les enchantements (tout intellectuels et moraux, d'ailleurs, oh ! combien moraux !) de la *cella* étroite[36] » réservée à ses proches. En toutes circonstances, Dick May s'explique ; la conversation, dans le cadre épistolaire comme au sein des établissements où l'enseignement se fait *via* des conférences rarement imprimées, sert une nouvelle pédagogie, alternant registres dramatique et didactique. Jeanne Proust les mêle aussi dans sa correspondance à son « serin » de fils, qu'elle câline et égratigne, couve et raisonne. Hélas, pour fixer la palette de sa conversation, il faudrait pouvoir lire autre chose que des billets à la famille ou des échanges de convention.

## Musset

Les deux Jeanne partagent une passion d'époque pour Alfred de Musset. Sa fantaisie piquante fédère depuis qu'il s'est rallié à Napoléon III. La « fête impériale » bruit de ses proverbes. Arvède Barine n'a pas encore publié, quand Dick May se place sous son patronage, la biographie de Musset (1893) qui fera référence jusqu'aux années 1920[37], mais il y a fort à parier qu'elle en a eu connaissance, comme d'ailleurs Jeanne Proust. Le dandy séduira longtemps les dames, pour lesquelles on lui a taillé un habit sur mesure. La future Annie Ernaux inscrit encore des citations de Musset dans « un grand agenda commercial de 1958 offert par un fournisseur de fromages » ; rétrospectivement, c'est sur ce support plus que dans les lettres à une amie de jeunesse que, désormais écrivaine, elle saisit l'individu qu'elle était dans ces années : « C'est là [dans les poèmes et les phrases d'écrivains soigneusement recopiés] que la fille de cette époque se dit par procuration[38]. » Son témoignage m'amène à reconsidérer les *Souvenirs de lecture* de Jeanne Proust. Malgré la distance sociale et chronologique, pourquoi cette dernière ne se serait-elle pas, elle aussi, ainsi dite à travers les citations ?

Musset poète, nouvelliste et dramaturge y tient une place à part. Les tours mondains prennent ici une couleur familière, voire familiale, car on citait volontiers Musset chez les Proust, pratique dont témoigne la correspondance de Marcel, où l'on retrouve plusieurs des extraits relevés par Jeanne[39]. Cadeau de la mère au fils, ou l'inverse ? Qu'importe le flacon, pourvu qu'on ait l'ivresse ! Qu'importe aussi que l'un en fasse un usage plus critique que l'autre. En l'absence de commentaire, on ne peut conclure que Jeanne Proust n'appréciait que les grands sentiments lyriques ou pathétiques, la dimension éthique de l'amour. Et Stéphane Chaudier a montré que, malgré les détournements ludiques ou ironiques, la poésie de Musset ouvrait chez Marcel Proust à « une vérité qui sans elle ne pourrait voir le jour[40] ».

C'est sans doute également le cas chez Dick May. Cette dernière ne range pas Musset parmi les classiques ; mais, sacrifiant à la vogue mondaine, elle en régale ses invités « les soirs où l'on s'amuse » : « J'ai imaginé – écrit-elle aux époux Renard fin 1894 – un essai de déclamations dramatiques, texte en main, pour le mercredi soir ; les deux premiers essais ont été heureux, nous avons tous éprouvé une joie de pécheurs rachetés à recommencer la découverte de Musset, – voire de Labiche[41]... » Dix jours plus tard, elle leur annonce une « grande et populeuse charade », jeu alors très pratiqué dans les salons, et en profite pour demander à Louise Renard, qui a elle aussi mis Musset au programme de ses réceptions : « Votre Musset a-t-il réussi[42] ? » Réponse affirmative : « Cela a même tourné au triomphe. Et nous avons été couverts de fleurs – au naturel et au figuré [...][43] ! » Amateur de piano, infusant dans ses textes une musicalité souvent puisée à des sources populaires, Musset a vu son œuvre mise en chansons et même en opéras. Elle constitue le bagage (pour ne pas dire le trousseau) de toute jeune fille qui se respecte ; aussi Dick May n'a-t-elle pas de scrupules à le convoquer lorsqu'elle s'adresse au musicologue Lionel Dauriac : « Fille de la douleur ! Harmonie ! Harmonie ! Rien que pour avoir écrit ce fragment, Musset resterait parmi les très grands[44]. » Ledit fragment appartient à *Lucie* (1835), une élégie dont Jeanne Proust condense d'autres vers[45]. On mobilise Musset, dans la correspondance, quand on veut faire de l'esprit sans trop d'efforts. En pleine excursion à la montagne, Dick May justifie ainsi de se laisser aller au pastiche de l'épître « À Ninon » :

> Je descends du Plomb du Cantal ; ce qui vous explique l'état de stupeur intellectuelle où je me trouve alors que, pour vous répondre et vous remercier, je voudrais, moi aussi, vous dire des choses très aimables, très spirituelles, très délicates... Si pourtant je vous disais un très simple : merci, tout bonnement, sans écriture, sans esprit, comme cela se peut, - je le crois, - entre gens qui sentent entre eux de l'estime et de l'amitié,
> Si je vous le disais, que je vous remercie,
> Qui sait, cher confrère, ce que vous en diriez ?...
> Puisse Musset me pardonner ce blasphème idiot ! Je l'aime bien pourtant. Mais j'ai le Plomb du Cantal dans les jambes ; et, dans les yeux, un morceau de France qui va ondulant des Pyrénées à nos Alpes. N'y a-t-il pas de quoi émouvoir l'indulgence de Musset - et la vôtre[46] ?

Ici Musset sert un euphémisme, l'amour de la pièce originelle devenant amitié. Mais la convention se fait confession sur une feuille volante où Dick May a noté, non pas pour soi puisqu'elle l'envoie à Gabriel Tarde, mais comme *in petto* :

> La rose, vierge encore, se referme, jalouse,
> Sur le frelon nacré qu'elle enivre en mourant
> Dick May[47]

Dans ces vers célèbres de « La Nuit de mai » (1835), je vois moins avec Serge-Allain Rozenblum une allusion au célibat[48] qu'une exhortation à écrire malgré les tourments personnels et professionnels. Rêvant à l'homophonie entre « May » et « Mai », Dick May, qui écrit souvent quand tout le monde dort, se dit peut-être que la nuit est à elle.

## La république des médecins

Dick May et Jeanne Proust ont une culture commune, où les écrivains psychologues se mêlent aux orateurs, aux moralistes, où Musset côtoie Anatole France et Jules Simon. Philosophe, homme politique, président d'honneur du Musée social, Jules Simon a accueilli plusieurs fictions brèves de Dick May dans sa *Revue de famille*, laquelle publie quand elle devient *La Vie contemporaine* une nouvelle de Marcel Proust annonçant à certains égards « Un amour de Swann[49] ». Marcel Proust a pour cela pu bénéficier de l'appui de Jules Simon, que son père connaissait : Adrien Proust avait siégé à partir de 1887 dans une commission d'études pour l'examen et la révision des programmes de l'enseignement primaire présidée par J. Simon, lequel, hygiéniste à ses heures, avait décrit à l'Académie des sciences morales et politiques les travaux du docteur. Les Proust fréquentent aussi Jules et Julie Siegfried, couple de réformateurs que Dick May connaît bien – Jules Siegfried a, le premier, dirigé le Musée social. Ce pionnier avait fondé au Havre, en 1879, un bureau municipal d'hygiène au comité consultatif duquel siégeait Adrien Proust, lequel avait trouvé depuis une décennie un cheval de bataille dans l'hygiène, qu'elle soit publique ou privée. Ses principes, il les avait exposés dans un *Traité d'hygiène* si à propos qu'il fut actualisé avec l'aide du docteur Adolphe Netter[50], un juif dreyfusard ami de Dick May. A. Proust travaille aussi main dans la main (lavées) avec Paul Brouardel, comtiste et pasteurien. Directeur du Comité consultatif d'hygiène publique de France puis doyen de la faculté de médecine de Paris, Brouardel évolue entre les milieux médicaux, politiques – spécialiste de médecine légale, il collabore avec la justice ; hygiéniste, il propose des lois favorables au bien public – et éducatifs. Il préside jusqu'en 1902 – avant de céder la place à

Alfred Croiset – la Société de l'enseignement supérieur dont l'organe (la *Revue internationale de l'enseignement*) a pour contributeurs, outre nombre de collaborateurs du Collège libre des sciences sociales, Dick May et son frère Georges. Brouardel interviendra à l'École des hautes études sociales dans le cadre du cycle sur les « applications sociales de la solidarité » organisé en 1902-1903. Il cite son collègue Adrien Proust[51], auquel il rendra un dernier hommage en tenant l'un des cordons attachés à son cercueil. Parce que l'hygiénisme se situe au carrefour entre la médecine et l'administration publique, qu'il suppose des compétences en droit et en sociologie, qu'il implique une morale (l'hygiène personnelle et de l'habitation sont un devoir) et une pédagogie tournée vers le plus grand nombre, Dick May lui accorde une grande place à l'École des hautes études sociales, souci qui rejoint celui d'Adrien Proust pour les établissements secondaires. L'École accueille un autre hygiéniste, le docteur Paul Sollier, qui a notamment publié chez Alcan *Le Problème de la mémoire* (1900). Après la mort de ses parents, suivant le conseil de Jeanne Proust qui tenait à ce qu'il se soigne, Marcel Proust passera deux mois dans l'établissement hydrothérapique de Boulogne-sur-Mer qu'il administre avec son épouse, la neurologue Alice Dubois.

Qui étudie la société, avec ses déséquilibres, ne peut dans ces années se passer des études médicales. La porosité entre psychologie et sociologie au tournant du siècle (la sociologie apparaissant comme une sorte de psychologie collective) explique que, tout comme Durkheim, Dick May s'intéresse aux troubles psychologiques. Ils l'intéressent d'autant plus qu'ils sont un matériau prisé des romanciers. Dick May les place au cœur du recueil *L'Affaire Allard*, édité chez Calmann-Lévy en 1892. Les deux plus longues nouvelles s'apparentent à de courts romans : l'une, « Le journal de Clara Sturm[52] », évoque le duel entre Jean-Martin Charcot et Hippolyte Bernheim autour de l'hypnose ; l'autre, qui donne son titre à l'ensemble, le dédoublement de la personnalité. Bien ficelée et rédigée sans fioritures, « L'affaire Allard » est portée au théâtre puis au cinéma avec succès, mais le nom de Dick May se trouve vite recouvert par ceux de ses adaptateurs allemands[53]. L'intrigue, qui rappelle *Le Horla* ou *L'Étrange Cas du docteur Jekyll et de M. Hyde* parus quelques années auparavant, se noue autour de la mort d'un brillant avocat, ancien député, retrouvé poignardé avec un coupe-papier, sans qu'on puisse observer aucune trace d'effraction. Meurtre ou suicide ? C'est en relisant la préface à *De l'intelligence* d'Hippolyte Taine que le héros lui-même avait découvert de quelle affection il souffrait, étant sujet depuis un accident à des crises de somnambulisme schizophrénique dont il ne se souvenait pas. Mais cette référence ostensible à Taine en cache une autre... Allard rappelle un avocat parisien de 33 ans, Émile X., qui, somnambule, avait commis des délits en 1888 – l'année où est située « L'affaire Allard ». Or Émile X. avait été traité par Adrien Proust[54]. Les conclusions de son analyse avaient été reproduites en 1892 dans un ouvrage d'Alfred Binet paru chez Alcan, collaborateur de Dick May[55]. Que cette dernière nomme « docteur Pron[56] » l'éminent spécialiste que le héros consulte n'a rien d'un hasard, même si la description physique ne correspond pas au docteur Proust. Pas plus que le patient, qui feint de consulter pour quelqu'un d'autre, la romancière à clefs ne trompe son monde !

Même si Dick May mentionne plus volontiers les Strauss que les Straus et la famille de Fernand Faure plutôt que celle de Félix Faure, la coïncidence des réseaux suggère que la culture qu'elle partage avec Jeanne Proust s'ancre dans un milieu : les notables parisiens qu'elles recevaient à domicile, l'après-midi de leur « jour », pour une soirée ou un dîner.

En tant qu'intellectuelle, Dick May fréquentait directement artistes et savants ; en tant qu'hôtesse, Madame Proust n'en était pas loin. La réputation de ses dîners la précède : on les imagine servis à Ernest Renan, Samuel Pozzi, Jean-Jacques Henner ou la jeune garde que fréquentent ses fils, dans une vaisselle digne de ses ancêtres porcelainiers, autour de sept heures selon les habitudes, en habit si aucun deuil ne l'interdit.

« Mme Proust n'était pas l'exceptionnelle lettrée que la légende a créée[57] », assène Christian Péchenard. À coup sûr, si l'on entend par là que la vivacité dont témoignent ses lettres a été inculquée (certes avec plus ou moins de bonheur) à toutes les femmes de son milieu, ou que toute la *Recherche* n'est pas en germe dans les références qu'elle partage avec le premier de ses rejetons. Mais le peu de sources disponibles ne permet pas de mesurer sur pièces le bagage de Jeanne Proust. Et, par préjugé, les femmes sont plus facilement taxées de superficialité. D'aucuns vont jusqu'à suspecter Dick May de n'avoir qu'un léger vernis de connaissances – ce que démentent ses écrits. Marcel Schwob voit en elle « une brouillon terrible[58] » ; Romain Rolland prétend qu'elle « met en branle une centaine de cours – (toute la science parisienne) – sans s'intéresser à aucun[59] » ; Jules Riby relate un dîner où les convives raillent le « manque de culture[60] » de celle qui apparaît, au mieux, comme une administratrice qui mal étreint à vouloir trop embrasser, au pire, comme une excitée n'ayant pas les moyens de ses ambitions. À aucun moment il n'est rappelé que ces femmes n'ont pas eu accès à l'enseignement secondaire institutionnalisé.

Les convenances interdisent d'ailleurs aux intéressées de le mentionner ; cela explique en partie que Dick May, qui traite de sujets variés et parfois ardus, se pose dans sa correspondance en modeste femme d'autant moins apte à saisir les subtilités qu'elle s'est formée en amatrice, saisissant au vol ce qu'elle pouvait : « Et surtout n'admirez pas ma science, que j'ai acquise sans effort, par suite sans mérite, à la dernière leçon d'Andler[61]... », enjoint-elle à Georges Renard fin 1896. Dick May compense son manque de légitimité académique en se réclamant de la pratique : « j'aime la vie plus que les livres, que j'aime cependant » ; « [j]'ai étudié, avec moins de science que vous, mais je crois, avec une sincérité égale, les aspects contemporains de la question sociale[62] ». Posture genrée attendue, que Dick May agrémente d'une touche d'humour ou d'ironie, non sans stratégie : elle flatte pour en arriver à ses fins, se met en retrait quand il s'agit de braquer la lumière sur les hommes qui porteront ses projets.

Sans confondre l'autrice et ses personnages, on imagine que Dick May se projette en Clara Sturm, laquelle malgré ses infirmités (aveugle et privée d'odorat, elle se sent laide) fascine et façonne les mâles de son entourage ; l'héroïne y voit une « création plus active et plus parfaite que celle de la maternité[63] ! ». Dick May aime aussi à se présenter comme une intercessrice : « Vous avez vu dans les journaux la belle fondation de mon grand ami M. de Chambrun. J'ai eu le profond plaisir de servir d'intermédiaire[64] », écrit-elle en 1893 à Louise Renard à propos de la création d'une chaire d'économie sociale en Sorbonne. Trente ans plus tard, elle dit avoir « horreur[65] » de parler gros sous. Ainsi, elle entérine l'équivalence entre désintéressement et intellectualité. Pour ce faire, elle convertit les stéréotypes en atout, et s'invisibilise à son bénéfice. Encore lui faut-il s'assurer que ses interlocuteurs (ici, Charles Péguy) restent discrets : « Il est bien entendu, n'est-ce pas ? que je ne vous ai pas écrit, et que notre ami [...] n'en saura jamais rien ? – Il vaut mieux que les choses se passent d'homme à homme[66]... » À plus d'un titre, Dick May pourrait en remontrer aux patrons de l'Université française ; elle est une « Patronne » dont le pouvoir rayonne depuis son salon, comme le personnage de Madame Verdurin, tel que le décrit *À l'ombre des jeunes filles en fleurs*, qui excelle dans « l'art (pour une maîtresse de maison) de savoir "réunir", de s'entendre à "grouper", de "mettre en valeur", de "s'effacer", de servir de "trait d'union"[67] ». Certains trouvent Dick May aussi ridicule que la Verdurin ; il n'empêche que leurs deux salons dreyfusards accompagnent le sacre républicain des intellectuels.

# « Mondaines »

Nul mieux que Marcel Proust ne décrit la dilution de la frontière entre aristocratie et bourgeoisie dans la mondanité au tournant du siècle. Si sa mère n'est pas admise au faubourg Saint-Germain où il se flatte d'être introduit, elle fréquente ponctuellement, depuis son mariage, le faubourg Saint-Honoré, et participe aux rituels qui rythment la vie des dames de sa classe : matinées théâtrales, commerce des salons, dîners et réceptions, « promenade hygiénique vers l'Étoile[1] », « tour réglementaire par Passy[2] », sorties à l'Opéra et au Bois, villégiatures saisonnières, voyages d'agrément à l'étranger. Autant d'occasions où elle a pu croiser Dick May, même si cette dernière préfère escalader plutôt que prendre les eaux.

## Au grand air

Dans la correspondance dont nous disposons, Dick May n'évoque les stations thermales que pour signaler qu'elles lui ont valu de contredire Georges, le frère chéri avec lequel elle partageait le budget des vacances quand il était encore célibataire. Que La Bourboule se trouve non en bord de mer mais dans le Massif central ne suffit pas ; ni que la station accueille nombre d'intellectuels : Dick May, qui s'y ennuie, tente de convaincre son cadet que, s'il a besoin de « soigner [s]a gorge », elle doit s'occuper de sa « tête », et donc qu'il lui « faut des montagnes[3] ». Plus élevées que celles d'Auvergne. Dès que possible, elle cède à la « séduction mystérieuse[4] » des cimes. Besoin impérieux, qu'elle exprime à Louise Renard :

> Connaissez-vous en Suisse, très haut, – au sommet de l'Engadine, s'il se pouvait, – un hôtel, une pension, n'importe quoi, archi convenable, où je puisse être « introduite » par q. q. un (introduite par correspondance bien entendu,) que vous connaissiez, et qui expliquât mon cas, et la triple cuirasse d'égards, de silence, et de solitude... [...] Si je fréquente l'être humain, pendant ces premières semaines de vacances, je me détraque pour l'éternité, je vous jure... [...] Trouvez-moi mon nid de bêtes[5].

Quand Dick May voyage avec sa mère, elle se loge correctement, mais limite les frais ; seule, la voilà au registre des grands établissements d'altitude, du *Mont-Rose* à Zermatt à l'hôtel *Mont-Fleuri* à Finhaut. Les courses en montagne font son bonheur et sa fierté : à Henri La Fontaine, président du Club alpin belge et auteur d'une bibliographie de l'alpinisme, elle promet : « Je vous raconterai de vive voix mes multiples randonnées de cette année 1905 ; de Tunis à Pontresina, de Venise à Biskra, et comment j'ai fait de l'alpinisme[6] à la face du désert aussi bien que dans le cirque radieux de nos Alpes[7]. » Et elle rit de constater que les « meilleurs alpinistes de France sont presque tous membres de l'Université[8] ». C'est un fait : beaucoup d'universitaires professent ce que Dick May appelle le « grand culte alpestre[9] », surtout s'ils sont socialistes. Les uns, comme le germaniste Charles Andler, retapent au grand air une santé fragile ; les autres, comme son collègue et ami Lucien Herr, se régalent de randonnées. En hygiénistes, tous attendent du « grand lavage annuel » « la reconstitution [...] des forces[10] ». À l'instar d'Oxford et Cambridge, l'université de Paris recèle des grimpeurs émérites qui recherchent, outre la tonification du corps et de l'esprit, la possibilité de se dépasser au contact de la nature, une forme de sagesse pratique et de transcendance dans l'immanence. Parmi eux, le normalien Robert Hertz, lequel garde l'ivresse des hauteurs bien que son père ait disparu dans un accident de montagne. Dick May devait connaître Robert Hertz, comme elle connaissait Herr et Andler. Juif, militant des Universités populaires, marié à la pédagogue froebélienne Alice Bauer, Hertz était l'un des plus brillants disciples du sociologue Émile Durkheim. Ce tout petit monde se retrouvait à la montagne[11], l'été, dans des conditions propices aux échanges intellectuels.

Dick May profite d'un séjour au pied du Cervin pour collecter du matériau ; en 1893, dans *La Revue parisienne*, elle évoque ainsi la dynastie qui a contribué à faire de Zermatt une station touristique moderne : les Seiler, propriétaires de nombreux hôtels, dont celui du *Mont-Rose* où elle aime loger[12]. L'apparent loisir n'est donc pas du temps perdu. Jeanne Proust a elle aussi admiré le mont Cervin, en particulier depuis l'hôtel éponyme où elle est descendue en août 1901[13]. Le cœur de cette grande lectrice de Ruskin balance-t-il, comme celui de l'écrivain anglais, entre les pierres de Venise et celles des Alpes ? Malgré les attraits de la cité des Doges, qu'elle visite en mai 1900 (quelques mois avant Dick May, qui s'y trouve début septembre), préfère-t-elle aux rives viciées de la lagune une atmosphère plus favorable au régime ? Quoique épargnée par le surpoids et les douleurs au bas-ventre, Dick May, elle, a tranché : « L'Anatolie me tente follement ; mais l'hygiène réclame les montagnes[14]. »

## En musique

Ce n'est pas non plus par pure mondanité que Madame Proust et son fils aîné multiplient les cures à Kreuznach, Trouville, Dieppe, Évian, Thonon-les-Bains, au Tréport et surtout à Salies-de-Béarn. Le docteur Proust, chargé d'inspecter les villes d'eaux, les accompagne parfois ; il apprécie le cadre, belles dames incluses. Jeanne Proust y a rencontré une de ses meilleures amies, la « préfète » Marie-Marguerite Catusse, avec laquelle Dick May correspond également[15]. Madame Catusse excelle dans l'interprétation des « divines mélodies de Massenet et de Gounod[16] » et d'autres airs exécutés sur le piano à queue du salon où s'amassent les partitions de *Fidelio*, *Roméo et Juliette*, Haendel, Mendelssohn, Saint-Saëns ou Léo Delibes. Elle en réjouit les invités, comme le font les amis de Marcel – de Reynaldo Hahn qui a chanté pour Jeanne Proust les chœurs d'*Esther*, à Robert Dreyfus qui a cotraduit l'essai de Nietzsche sur Wagner. Dans ces années où, faute de matériel adéquat, on peine à fixer l'écoute hors des concerts, les salons bourgeois accueillent moult concerts privés. Jeanne Proust ne s'en prive pas, surtout quand elle a manqué le rendez-vous dominical du conservatoire de la rue Bergère. Chaque mercredi, et parfois le dimanche, Dick May donne elle aussi la cadence à ses familiers.

Délicieuse pianiste, elle adore quand Lionel Dauriac « improvis[e] pour [elle][17] », le prie quand il lui rend visite d'« apporte[r] Haydn[18] ». Elle connaît des artistes, et joue même les imprésarios pour la toute jeune Marguerite Naudin, chanteuse virtuose dont les « protecteurs » espèrent qu'elle débute au théâtre « dans une pièce faite pour elle[19] ». En Parisienne éclairée, Dick May accompagne l'institutionnalisation du wagnérisme, jadis uniquement soutenu par l'avant-garde : « vous ne serez jamais complet tant que vous n'aurez pas aimé Wagner[20] », lance-t-elle à Gabriel Tarde en 1897, étonnée qu'il montre aussi peu de penchant pour la musique. Est-ce à l'hôtel de Condé, où la puissance du seigneur de *L'Anneau* emplit la chapelle des Chambrun, que Dick May a rencontré le compositeur Vincent d'Indy[21], alors qu'il s'apprêtait à fonder avec d'autres la Schola Cantorum ? D'Indy sera l'un des piliers des structures d'enseignement d'histoire et d'esthétique musicales que Dick May mettra sur pied au Collège libre des sciences sociales, et surtout à l'École des hautes études sociales. Pour elle, membre active de la Société française des amis de la musique, cet art est autre chose qu'un divertissement ; c'est un instrument de réforme morale, la condition d'une culture humaniste qui ne soit plus réservée à une élite, autrement dit d'une culture générale. Raison pour laquelle elle souhaite que Lionel Dauriac complète, par des interventions consacrées à la musique, les conférences sur le dessin prévues pour la chaire d'« action sociale de l'art[22] » existant au Collège. Qui sait, aujourd'hui, que Dick May a contribué à intégrer la musique aux sciences humaines, que grâce à elle la musicologie entre en Sorbonne, Lionel Dauriac ouvrant la voie à Romain Rolland ? Conférences et écoutes musicales ont un tel succès que bientôt l'École des hautes études sociales se dote d'une section « musique », qui reçoit le pianiste Louis Diémer ou les étudiants de l'École Niedermeyer. Avec les représentations théâtrales et les projections commentées d'œuvres d'art, ces concerts hebdomadaires font la réputation de l'École des hautes études sociales et lui attirent un public élargi. Oreille fine et nez creux, Dick May modèle la tendance : les œuvres de la Renaissance interprétées à l'École des hautes études sociales par les chœurs d'Henry Expert s'invitent ensuite au programme des salles parisiennes. Ce triomphe soulève des remous : la Régie exige que Dick May acquitte la taxe sur les spectacles… En correctionnelle, elle plaide que ces auditions ont un but pédagogique et non commercial ; on l'acquitte.

## Une intellectuelle soupçonnée de frivolité

Est-ce parce qu'elle est tenue par une femme que l'École des hautes études sociales semble à certains moins sérieuse, plus mondaine que sa concurrente l'École libre des sciences politiques (aujourd'hui « Sciences Po »), créée après la guerre franco-prussienne pour refondre les élites sur une base plus méritoire, et que Dick May considérait comme « une école d'administrateurs [plutôt] qu'une maison d'enquêtes sociales et de recherches vivantes[23] » ? Les arts – littérature, théâtre, musique, peinture et sculpture –, beaucoup moins représentés à l'École libre des sciences politiques qu'à l'École des hautes études sociales, passaient-ils pour des domaines féminins ? Ils étaient pourtant promus, dans une approche historienne, par des enseignants hommes, soucieux des aspects pratiques et même professionnalisants… Trouvez l'erreur : rares sont les conférencières à l'École des hautes études sociales comme jadis au Collège (Dick May, peu féministe sous cet angle, y est sans doute pour quelque chose)[24], comparé à l'École libre des sciences politiques. Seules les artistes – comédiennes (Marguerite Moreno, par exemple) et musiciennes (Marguerite Babaïan, qui utilise le papier à lettres de la direction) – montent régulièrement sur l'estrade. À l'origine, le public des établissements gérés par Dick May est assez peu mixte, et elle s'en félicite. Qu'on ne lui reproche pas de verser dans la mondanité, alors qu'elle lutte précisément contre elle ! Fin 1896, elle explique à Georges Renard :

> Notre auditoire se compose pour les trois quarts d'étudiants, et qui travaillent ; quelques personnages de trente-cinq à cinquante ans, professionnels, ou sociologues « en devenir », ou aspirants à des fonctions publiques ; les jours de grande solennité [...], les professeurs, et messieurs du Comité se présentent en nombre ; par une ténacité incivile, j'ai réussi à nettoyer la salle des « gens du monde », et des belles dames émues par le socialisme des salons littéraires ou de St-Honoré d'Eylau[25].

Vérité, ou mensonge destiné à convaincre un ancien communard d'accepter de causer socialisme devant un auditoire à sa mesure ? En 1900, une gravure sur nature représentant l'École de journalisme met deux dames au premier plan[26] ; Dick May se plaçait, dit-on, « au fond de la salle, dissimulée parmi les élèves, elle écoutait[27]... ».

Dans les couloirs du Collège libre des sciences sociales, de la même manière que dans les amphithéâtres de la Sorbonne ou au Collège de France, on aperçoit force chapeaux empanachés. Devant le Collège de France, des subalternes espèrent garantir à leur patronne une place au cours d'Henri Bergson, philosophe à succès (on dirait aujourd'hui : « médiatique »). Jeanne Proust se mêle-t-elle à la foule, elle qui discutait dans l'intimité familiale avec Bergson, marié à Louise Neuburger, sa cousine au second degré par la branche Weil ? Quant à Dick May, elle peut écouter Bergson à demeure, puisqu'il siège au conseil d'administration du Collège libre des sciences sociales et intervient à l'École de morale, habitude qu'il perpétuera à l'École des hautes études sociales. En tant que secrétaire générale, Dick May règle avec lui les affaires courantes ; nés à quelques mois de distance, tous deux sont issus du même milieu : juifs, sensibles aux propositions symbolistes, ils évoluent en périphérie de la Sorbonne proprement dite (normalien, agrégé, docteur, Bergson a finalement été recruté au

Collège de France, établissement non diplômant). Bergson, qui a acquis une aura internationale, jouit d'une réputation d'orateur « mondain[28] », dont Dick May fait son miel. Un intellectuel capable de mettre les grandes questions philosophiques au goût du jour, à la frontière entre la science, la littérature et la morale, n'est-ce pas l'intervenant rêvé ? Qui d'autre pourrait porter au pinacle son rêve de vulgarisation des connaissances spécialisées ?

Sans prétendre comparer point par point Bergson et Dick May – ni théoricienne ni enseignante, pas même licenciée –, on peut se demander pourquoi sa réputation de mondanité ne dessert pas le premier (on y voit au contraire un signe de « gloire[29] »), alors que les initiatives de la seconde semblent toujours suspectes. Ses affinités avec les écrivains nourrissent la popularité de Bergson, alors que le fait que Dick May verse dans la littérature la discrédite au contraire comme intellectuelle. Pour ses détracteurs, ses succès de librairie romanesques, ses articles et ses recensions pèsent étonnamment peu à côté de ses contributions à des périodiques tels que *La Vie parisienne*, conçue comme une revue de divertissement ouverte aux genres rédactionnels jugés féminins (chroniques, contes et nouvelles, etc.), quand bien même ils contiendraient une part d'analyse sociale et d'innovation littéraire. Bref : Dick May, pas plus frivole dans la mise que dans les manières, perpétuellement affairée et productive, peine à gagner une légitimité – même para-institutionnelle – comme femme de science. Alors que les cours publics – majoritaires jusqu'aux années 1880 – peuvent être qualifiés de « mondains » sans que cela paraisse péjoratif, alors que Bergson triomphe aussi parce qu'il ouvre la philosophie sur d'autres domaines du savoir, Dick May est renvoyée à son salon parce qu'elle prétend coordonner une offre scientifique généraliste.

Malgré sa proximité avec Bergson, Dick May préfère soutenir Gabriel Tarde quand la chaire de philosophie moderne du Collège de France se trouve vacante en 1900. Tarde a sur Bergson le mérite d'être plus rationaliste et plus attiré par les sciences sociales. Or ces dernières sont à la « mode[30] ». Tirant en 1903 le bilan de leur enseignement, Henri Hauser regrette tout de même que la « recherche du *social* en histoire » devienne une « conception [...] envahissante et exclusive », une marque de distinction, « le *schiboleth* qui permet de vous classer parmi les amis ou les ennemis[31] ». Celui que l'on tiendra pour un précurseur des Annales a pourtant compté dans l'équipe du Collège libre des sciences sociales à l'époque où Dick May y officiait. Son ancien « adjoint[32] » se paye néanmoins sa tête, lorsqu'il évoque telle dame qui, à la manière de celles qui se piquaient de sciences naturelles au XVIIIe siècle, « [a]ujourd'hui [...] fonderait un *Musée social*, [...] assisterait aux séances d'une société d'Économie sociale, [...] lirait – ou du moins [...] aurait sur le guéridon de son boudoir – une revue de science sociale, et c'est de questions sociales que l'on causerait dans son salon. [...] C'est la *tarte à la crème* de toutes les réunions mondaines, de tous les discours, de tous les journaux, et nul n'a de l'esprit s'il n'est sociologue[33] ». Pas rancunière, et assez clairvoyante pour comprendre que cette introduction polémique n'invalide pas l'étude d'Hauser, Dick May la recense de manière relativement élogieuse[34].

Qu'elle ait publié, outre des pièces et des romans à thèse, des articles et des recensions relevant de la science sociale ne suffit donc pas à délester Dick May du fantôme de la mondanité. Elle a certes projeté « une comédie de salon[35] », donné à la presse des textes qu'on jugerait légers, si l'on ne se fiait qu'aux titres (« Petits fours », « Premier amour », « Les Étrennes de la Marquise[36] »...) ou aux supports (*La Vie parisienne*, le supplément littéraire du *Figaro*,

*La Vie contemporaine*…). N'oublions pas cependant qu'ils cohabitent avec « Diplômée » ou « Sursis d'appel[37] », et que Dick May publie aussi des fictions dans *Le Journal des débats*, *Les Annales politiques et littéraires* ou *La Liberté* – entre autres *Suzanne Grandjean, députée*[38]. Avec le temps, l'écrivaine s'écarte des nouvelles satirico-sentimentales qui lui ont permis de pénétrer la presse tout en lui fournissant un complément alimentaire non négligeable. À y regarder de plus près, ses textes en apparence les plus badins témoignent d'une conscience sociale acérée, précisément logée dans les interstices de la mondanité ; c'est le cas, aussi, de Marcel Proust, longtemps tenu pour un « auteur salonnard » dont l'œuvre n'a « commencé d'être sauvée que pour ses qualités d'observation intérieure – ce qui permettait de la rattacher à une grande tradition française[39] ». Proust avait en effet publié en 1903-1904, dans le *Figaro* où Dick May avait débuté, une série de chroniques sur les « Salons parisiens[40] » pas si éloignées de ce qu'écrit alors Dick May. Fine analyste du monde qui l'entoure, elle n'a évidemment pas bâti avec ce matériau périodique la cathédrale esthétique et philosophique de la *Recherche* ; mais ce n'était pas son ambition.

Parce qu'elle est femme, mais aussi en raison de la valeur que l'on accorde en France à la Littérature, on associe volontiers Dick May à l'écriture de fictions, et on la considère comme une écrivaine plutôt qu'une entrepreneuse. Longtemps, je suis moi-même restée sourde aux témoignages qui attestaient que la littérature n'avait finalement été pour elle qu'un moyen de l'action sociale qui lui importait surtout. Ainsi, dans « Dame d'officier », les courses au *Bon Marché* virent au désastre quand, après avoir essayé maints chapeaux, l'épouse apprend que l'argent que son mari réservait à l'achat de son couvre-chef sera finalement investi dans un habit militaire : ordre du commandement. Sous la gaze, Dick May aborde donc les rapports de couple, la nécessité de paraître en société (et la honte qui en découle parfois), le prestige de l'armée, qui ne repose pas sur un capital économique… L'abondance d'adjectifs, la mignardise des détails, l'effet de redondance signalent que ce style faussement nonchalant porte une thèse.

## Salons

En bonne bourgeoise, Dick May ne manque toutefois ni la réouverture des salons après la trêve des confiseurs, ni la *season* au début de l'été. Mais ne la rangeons pas trop vite parmi les *fashionables* ; en 1894, elle retarde son départ pour Londres parce qu'elle participe à la mise en place du Musée social, et cinq ans plus tard, si elle trouve « drôle » de « changer de toilette trois fois par jour, rentrant d'une garden-party pour aller à une soirée, sortant de chez la duchesse de Sutherland ou la comtesse de Portsmouth pour filer au Parlement, ou allongeant des traînes de satin sur les coussins d'une victoire, ou incarnant le parisianisme élégant pour les Anglais d'un club archi-select, et, au surplus, refusant une demi-douzaine d'invitations par jour[41] », elle intervient également à l'*International Congress of Women* organisé du 26 juin au 7 juillet.

Sur ses terres, Dick May tient salon : rue Victor-Massé, jusqu'en 1900, le mercredi après-midi, on écoute Wagner, on chante, on joue à la charade, malgré le manque d'espace. Seule la correspondance trahit par bribes ce que furent ces réunions où confluaient les deux rives de Paris (la mondaine et l'intellectuelle), matérialisant le lien entre le domicile de Dick May et ses écoles. Se presse chez elle peu ou prou le même public que chez la marquise Arconati-Visconti (1840-1923), veuve d'un riche aristocrate italien, certes plus proche de Gambetta,

Jaurès et Combes que de Briand et Poincaré : artistes, penseurs et hommes politiques républicains de sympathies dreyfusardes. Est-ce sur son modèle que Dick May remplace ses « five o'clock de dames[42] » par des réunions presque exclusivement masculines[43] ? Vie privée et vie professionnelle, déjà mêlées au sein des invitations que Dick May lance dans sa correspondance, se confondent quand l'École des hautes études sociales l'occupe au point qu'elle n'est plus en mesure de s'accorder une bulle en milieu de semaine. La solution ? Préparer le thé rue de la Sorbonne ! Celle qui, en 1896, à l'époque du Collège libre des sciences sociales, s'enorgueillissait d'avoir « nettoy[é] la salle [de conférences] des "gens du monde", et des belles dames émues par le socialisme des salons littéraires ou de St-Honoré d'Eylau[44] » se félicite cette fois d'avoir « pu ouvrir un salon » et ajoute : « oui, vous entendez bien, un salon, où intellectuels de haute élite et ouvriers de grande bonne volonté fraternisent à cent cinquante ou deux cents autour du samovar commun. J'attends plus de mon thé que de nos Écoles ou de nos universités populaires[45]... ». La cérémonie, note un observateur, a des airs de banquet antique :

> Les Grecs, jadis, aimaient à s'assembler, pour philosopher, en des banquets. On a coutume, rue de la Sorbonne, de philosopher, chaque mois, avec moins d'apparat peut-être, mais tout autant de bonne humeur, autour d'une tasse de thé. Dans un coin du grand hall, où se font les cours, fume le samovar. La chaire est transformée en buffet qu'envahissent les friandises. De ci, de là, de petites tables, coquettement jonchées de fleurs, atténuent la sévérité du lieu. [...] C'est la grâce de cette école, qui est en train de prendre parmi nos établissements d'enseignement supérieur, une place si originale, que de savoir ainsi à certaines heures devenir un salon[46].

Cet article, sans doute commandé par l'établissement à un de ses collaborateurs (René Wahl, dit Gabriel Timmory, traite des « questions de critique dramatique » à l'École de journalisme cette année-là), annonce subtilement son futur programme – d'ailleurs distribué aux convives à l'occasion du dernier thé de l'année. Celui-ci fait la part belle aux nouveaux cours d'histoire de la musique et du théâtre, posant l'École des hautes études sociales comme un établissement ayant « restitué une dignité philosophique » aux arts, et libéré l'Université du « pédantisme » pour la rattacher enfin à « l'universalité des connaissances humaines ». Résultat qu'on doit, suggère le journaliste, à des hommes comme Alfred Croiset, dont est vanté « l'atticisme ». Dick May, elle, n'apparaît qu'en fin d'article. Sa grâce efface son mérite. Parfaite hôtesse, elle vaque entre les invités de « l'école dont elle est le charme », proposant « "Encore un peu de thé ?" » : c'est à se demander si elle ne le verse pas elle-même, pendant que ces messieurs conversent ! Que l'École des hautes études sociales aspire à mettre l'univers dans une tasse de thé irrite l'extrême droite, notamment le R. P. monarchiste Dom Besse, qui fait du salon de la secrétaire générale un double dégradé de celui de Madame de Staël, et de ses goûters un foyer « d'anarchie » susceptible de se propager « par la Sorbonne à la nation[47] ».

Quand Dick May rétablit son jour à l'automne 1903, c'est le dimanche « (4e excepté) à 5 heures ½[48] » qu'elle reçoit à domicile, « dans [s]on vieux salon archaïque, où [elle] n'ose rien changer, parce que les amis s'y trouvent bien[49] », jusqu'à la Grande Guerre, où elle-même a la sensation de « camper[50] ». La mobilisation des anciens convives et des domestiques, alliée aux convenances, ferme les vaisseliers et le couvercle des pianos. Dès le 28 juillet 1914, Dick May se tient prête à « rendre q. qs services à la direction des ambulances, des cuisines et des lingeries[51] ». Elle emporte son samovar 3, rue de la Paix, adresse de la célèbre maison Paquin qui, non contente de fournir aux élégantes robes drapées, jupes souples, tailleurs et manteaux bordés de fourrure, avait « habillé » l'immense statue de la Parisienne qui trônait à la grande porte de l'Exposition universelle en 1900. La famille de Paquin – né Isidore-René Jacob –, juif dreyfusard, a-t-elle cédé ou loué un espace à Dick May, laquelle ne s'était pas toujours montrée tendre à son égard[52] ? Elle, dont « Le carnet d'une vendeuse[53] » – une nouvelle publiée en mai 1899 – imaginait un patronage en faveur des veuves de militaire et de leur famille, se retrouve à son tour derrière le comptoir chaque lundi. Par la fiction, elle dénonçait une mise à l'encan des jeunes bourgeoises et aristocrates exposées avec la marchandise ; dans les faits, elle met à profit les sociabilités que favorise la charité : « j'ai fait un tas de connaissances imprévues, et qui nous rendront service[54] », écrit-elle. Forte de l'expérience acquise lors de la vente annuelle organisée par la caisse de secours de l'École des hautes études sociales, qui consolide les liens avec nombre de collaborateurs, lesquels offrent leurs livres et des autographes, Dick May organise quotidiennement à la boutique *Arts et Armées* un thé pour encourager la vente de « [t]ableaux, sculptures, miniatures, broderies, bijoux, jouets et bibelots d'art, articles de Paris, cadeaux de Noël et étrennes[55] » au même prix que dans le commerce, mais au bénéfice des œuvres de guerre. Cette boutique est gérée par un comité auquel Dick May participe avec d'autres femmes : il monte aussi des expositions « en l'honneur des nations martyres », associées à des goûters servis tantôt « par des Alsaciennes en costume national », tantôt « par des Polonaises en costume historique[56] ». Le succès de l'initiative, à mesure que s'installe le conflit, amène le comité à rénover le local ; au printemps 1916, « après transformation totale, [l]es magasins de vente et de thé » s'offrent « tout clairs dans un frais décor aux trois couleurs de France[57] ». Patriotisme, dévouement philanthropique, mais aussi nécessité : forcée, par gros temps, de renoncer à certaines de ses anciennes activités, ou de les réduire, Dick May trouve un complément de revenu à la boutique *Arts et Armées*. C'est ce que suggère en tout cas cette confidence à André Antoine, resté à Camaret auprès de son fils Henri, blessé à la cuisse mais immédiatement remobilisable : « Revenez à Paris. [...] tout le monde y vit simplement et avoue les inquiétudes de son budget ; [...] vous travaillerez avec nous à de surprenantes besognes, qui nous auraient naguère semblé ridicules, et qui maintenant sont dix-huit heures par jour la règle et la passion de la vie[58]. » Pendant le conflit elle se serait aussi, d'après son frère Georges, occupée d'« assure[r] quelques ressources aux nombreux artistes réduits au chômage et à la misère[59] », mais je n'ai pas réussi à identifier ces entreprises. Forme d'action sociale moins valorisée que les engagements politiques pensés sur le modèle masculin, les bonnes œuvres engagent un type de sociabilité qui ébranle l'image d'une Dick May évoluant essentiellement dans un milieu viril, à sa grande satisfaction. Car toute une part de ses fréquentations féminines échappe, faute de sources.

# La petite sœur de Durkheim

Décidée très jeune à devenir écrivaine, si l'on en croit son frère Georges, Dick May « cherchait aussi un gagne-pain[1] » dans la littérature. Ses écrits d'imagination publiés comptent une trentaine de proses brèves, sept romans – certains non réunis en volumes – et quatre pièces de théâtre ou récits lus en public. Le tout à la fois ramassé (1892-1903 pour les principaux titres, particulièrement avant la fondation de l'École des hautes études sociales) et espacé dans le temps (un creux jusqu'en 1911, une renaissance en 1920). C'est beaucoup ; mais une bagatelle, comparativement aux initiatives que Dick May a lancées en faveur de l'action sociale. Elle s'y engage en créant des lieux de rencontre et des supports favorisant la circulation des savoirs. Tâche décisive, et pourtant ingrate. Les discussions tenues dans les salons y sont restées ; et Dick May ne reçoit pas dans un hôtel particulier, comme Madame Arman de Caillavet, dont les familiers entretiendront l'aura[2]. Qui se souvient que Dick May a supervisé une bonne cinquantaine d'études pour une des premières collections en sciences sociales, chez Félix Alcan[3] ? On ne sait presque rien des responsabilités qui incombent à la « secrétaire de rédaction » de cette « Bibliothèque générale », si ce n'est qu'elle édite des cours et des conférences prononcés dans les établissements d'enseignement libre qu'elle gère par ailleurs, qu'elle a souvent commandé ou fait commander lesdits cours et conférences, qu'elle en révise les épreuves en concertation avec les auteurs.

## La sociologie plutôt que la littérature

Femme, Dick May aurait pu imposer ses convictions sociales avec moins de difficulté par la littérature, voire le journalisme. À Louise Renard, tiraillée comme elle, elle recommande encore fin 1892 la pratique fictionnelle, moyen d'évasion, protection, Cité des Dames : « Faisons de la littérature, chère madame, et réfugions-nous dans un petit monde à nous, et fermons-le, si nous pouvons, aux échos du grand monde ; c'est le seul moyen – avec l'action – de garder quelque énergie et de lutter contre les grandes, les démoralisantes tristesses[4]. » Dick May avait d'autant plus de chances de se démarquer que, si l'accès à l'Université est verrouillé au beau sexe, ce n'est pas le cas du champ littéraire. Peu de juives ont atteint son degré de notoriété littéraire : il y avait là un boulevard. Dick May préfère pourtant l'ombre de la sociologie en fleurs. Elle conçoit certes la littérature comme un instrument de l'action sociale ; ses romans et ses pièces de théâtre relèvent des genres à thèse, sociaux et didactiques, alors théorisés autour d'elle. Ceux-ci prennent pour cadre le monde des petites revues, des Universités populaires, la Bibliothèque nationale, et invitent parfois à une lecture à clefs. Se devine ainsi sans peine, dans le Sorbier de *La Courroie sans fin*, le philosophe et sociologue Georges Sorel, qui était intervenu au Collège libre des sciences sociales et à l'École des hautes études sociales, dont il avait même été l'un des administrateurs. Mais la littérature à thèse prêche surtout des convaincus ; Dick May réalise que, diluées dans la fiction, les idées n'ont pas la même efficacité qu'enseignées de manière systématique. C'est donc sur le terrain para-universitaire qu'elle va laisser une empreinte, contribuant à la fois à la vulgarisation de la sociologie et à son institutionnalisation en dehors des facultés.

## Une femme d'action

À son œuvre, moins textuelle qu'institutionnelle, on associe les sommités ayant occupé la direction ou la présidence du Collège libre et de l'École des hautes études sociales. Cette œuvre est aussi plus pratique que théorique, en raison d'une relative méfiance envers les modèles utopiques du socialisme. Par la force des choses, Dick May privilégie les actes au discours, adopte dans ses publications le type d'écriture et les formats rédactionnels autorisés aux femmes : recensions, synthèses ou microreportages. Malgré sa proximité avec les leplaysiens, elle ne compte pas parmi les rares femmes qui contribuent à *La Réforme sociale* ou aux *Ouvriers des deux mondes*. Elle évoque certes ponctuellement un « questionnaire sociologique[5] », sans en préciser le sujet et sans qu'on sache quelle part, sous le nous de majesté, elle a prise dans son élaboration. À une autre occasion, elle consulte des personnalités à propos de la peine de mort[6]. Sa réflexion sur les sujets sociaux s'exprime *via* les supports peu spécialisés du journalisme littéraire d'opinion : grande presse, revues culturelles, périodiques à destination des familles. Plusieurs de ses articles évoquent des intimes (le comte de Chambrun, Hartwig Derenbourg, Carle Dauriac, Gabriel Tarde...) et des entreprises dont elle est partie prenante (le Musée social, le Collège libre des sciences sociales, l'École des hautes études sociales...). On frôle ce qu'on appellerait aujourd'hui le conflit d'intérêts. Ce journalisme quasi promotionnel quoique sans complaisance vaut à Dick May le titre de « distinguée publiciste[7] » ; elle admet sans doute volontiers cette étiquette, elle que le comte de Chambrun avait nommée « directeur de la publicité[8] » salarié au Musée social – peu ou prou l'équivalent de nos attachés de presse, Dick May se trouvant chargée de valoriser la nouvelle structure auprès des journalistes. Trente ans plus tôt, Émile Zola avait occupé ce poste stratégique chez Hachette : il en avait tiré un carnet d'adresses fort utile, et la reconnaissance des critiques auxquels il faisait parvenir les livres à commenter. Ses relations dans la presse valent aussi à Dick May un bel entregent ; elle excellera toujours à mettre en valeur ses établissements, dont le renom s'étend jusqu'outre-Atlantique. Mais son talent pour la communication apparaît, dans la sphère universitaire, contraire au principe de désintéressement. « Médiatrice », « organisatrice », « animatrice » : les termes généralement utilisés pour désigner Dick May ne rendent pas justice à ce qu'elle a accompli. Je lui préférerais « inspiratrice », si ce mot saturé de romantisme ne menaçait d'en faire une simple muse. Elle est évidemment bien plus. Une inventrice oubliée, à l'instar d'autres continuateurs de Le Play[9]. Les influenceuses d'aujourd'hui gagneraient à appliquer ses techniques de communication (n'a-t-elle pas fondé une des premières écoles de journalisme ?) : création de contenu multisupport, relais d'opinion, réseautage. Principal sponsor : la République. Hashtags : #dreyfusisme #réforme #enseignement social.

En tant que coordinatrice générale des enseignements, Dick May tient « aux enquêtes » si chères aux leplaysiens : à l'École des hautes études sociales, « [l]a matière à traiter est répartie en "exposés", confiés à des personnages compétents et soumis à des discussions dont [...] la publicité, l'ampleur et l'indépendance [sont reconnues]. L'exposé peut être purement objectif. Il peut aussi exprimer les opinions, ou les prédilections de son auteur ; en ce cas, cette expression n'engage que l'auteur, et nullement l'École[10] ». Si elle admet les jugements personnels à la tribune, elle les tient pour tels et ne leur accorde pas l'autorité de la preuve.

Perçu comme une absence de cohérence doctrinale et méthodologique, l'« éclectisme » de Dick May lui interdit, aux yeux de ses détracteurs, toute ambition théorique. Lorsqu'elle quitte le Musée social pour fonder le Collège libre des sciences sociales, plus résolument ouvert sur l'enseignement, Robert Pinot – oubliant qu'on pourrait reprocher un pareil éclectisme au Musée social dont il est directeur administratif – s'insurge :

> [...] toute cette affaire est basée sur l'ignorance de la science et sur la mauvaise foi. [...] Mr Funck Bretano *[sic]* et Mlle Weil *[sic]* parlent de science, mais leur programme est absolument anti-scientifique ; le propre de la science, ce qui constitue une École, c'est l'*unité de méthode*, c'est la même méthode appliquée à l'étude de différents objets, ou de différents sujets ; et dans ce Collège, chacun a sa méthode ou plutôt sa fantaisie ; cette réunion de personnes et de noms qui hurlent de se trouver à côté les unes des autres ce n'est pas la liste des professeurs d'un collège, c'est la liste des exhibitions d'un Barnum. Tout cela de l'avis de gens sérieux est condamné à un échec certain [...][11].

L'avenir lui donnera tort.

Dick May n'est pas une tête de linotte : elle tient salon, assiste à des cours et des soutenances de thèse, monte des congrès internationaux, entretient avec des sommités du monde entier (de Maurice Wilmotte à Vito Volterra en passant par Léon Walras, Norman Angell et Guglielmo Ferrero) une correspondance qui, loin de se limiter aux formalités administratives du secrétariat, illustre son goût pour la discussion savante. Interlocutrice d'éminents intellectuels, elle sait juger de la qualité d'une conférence. C'est elle qui façonne le tableau des cours, en dialogue avec ses confrères du comité de direction et, quand l'offre devient pléthorique, les responsables des différentes sections contactent les intervenants, avec son aval. Un ou plusieurs secrétaires adjoints assurent la technique (envoi de circulaires et de cartes d'invitation, affichage, etc.).

L'abondance des portraits de Dick May en usurpatrice m'a longtemps empêchée de discerner son réel ascendant. Dans la lettre de février 1900[12] où elle dicte à Gabriel Tarde le plan de sa leçon d'ouverture au Collège de France, l'arrogance m'effarait tellement que je n'ai pas immédiatement songé à comparer ladite proposition à la leçon, telle qu'elle a été imprimée[13]. Aucun doute, pourtant : Tarde suit point par point la pygmalionne qui a largement contribué à son élection. En forçant le trait, on pourrait donc considérer que Dick May a fait cours au Collège de France. Blague à part, les liens qu'entretinrent Tarde et Dick May favorisèrent le premier plus que la seconde, reléguée avec lui quand la branche durkheimienne de la sociologie l'a emporté.

## Fils et fille de rabbin

Puisque les observateurs dénient toute scientificité à l'œuvre de Dick May, la rapprocher de son contemporain Émile Durkheim passera pour une provocation. Quoi ? Mettre sur un pied d'égalité le père fondateur d'une discipline et la pâle autrice de *Mère*, l'auteur des *Règles de la méthode sociologique* (1895) et une militante n'ayant produit aucun essai d'envergure ! Je persiste et signe. Émile Durkheim, né 16 mois avant Dick May, est lui aussi fils d'un rabbin formé à Metz[14]. De la même manière qu'on ne peut faire l'économie du père – et donc du judaïsme – pour penser la trajectoire de Durkheim, il ne faut pas sous-estimer le rôle du rabbin Weill dans celle de ses enfants. Directeur d'une école israélite de garçons à Alger, ne leur a-t-il pas transmis le goût de l'enseignement (Georges est professeur, Dick May fondatrice d'établissements) ? N'est-ce pas lors des sermons de son père que cette dernière a saisi l'importance de l'oralité, dont elle exploitera toutes les potentialités à l'École des hautes études sociales ? Et avec lui qu'elle a appris la morale, notion aussi centrale dans son « système » que dans celui de Durkheim ? La somme que le rabbin Weill intitule *La Morale du judaïsme* (1875-1877) débute significativement par un éloge de l'ouverture à plusieurs sciences, et s'achève pour ainsi dire par un développement sur les « rapports mutuels de la morale sociale et de la morale individuelle[15] ».

Durkheim comme Dick May se tournent vers la sociologie, science émergente qui, pour cette raison, était « parfois source d'avantages relatifs (ou de désavantages moindres) pour des "nouveaux venus", comme les juifs, dans les classes cultivées[16] ». Devant l'urgence d'une refonte de l'enseignement, l'un et l'autre articulent sociologie, pédagogie et morale à des fins de cohésion sociale. Dick May espère que, à moyen terme, les étudiants de l'École des hautes études sociales « auront couvert la France de missions laïques, et transmis jusqu'au fond des provinces [la] parole de vérité[17] » ; dans le premier cours qu'il donne à la Sorbonne en 1902-1903, Durkheim estime que, s'il habite sa fonction, le maître laïque gagnera l'« autorité » du « prêtre[18] ». Pour atteindre ces objectifs, ces deux dreyfusards s'appuient sur des collectifs (cours, congrès, revues...) soudés par la solidarité. Avant que Léon Bourgeois n'en fasse un mot d'ordre politique susceptible de séduire la républicaine Dick May[19], Durkheim s'est intéressé à cette notion, à laquelle il a consacré son premier cours de science sociale à Bordeaux, puis une part de sa thèse, *De la division du travail social*[20] (1893). Quelques années plus tard, il souligne l'existence d'une « solidarité d'une particulière énergie[21] » chez les juifs, constamment persécutés.

Si Moïse Durkheim et Michel Aaron Weill durent vraisemblablement renoncer, au vu de la situation politique dans le pays, à ce que leurs descendants mâles perpétuent la lignée de rabbins dont ils étaient issus, nul doute qu'ils aient souhaité voir « les fils succéder aux pères et, à leur tour, devenir grands sur la terre[22] ». Jean-Claude Filloux et d'autres ont postulé que, troquant la vocation de rabbin à laquelle on le destinait contre celle de sociologue, Émile Durkheim aurait à la fois rompu avec son père et pris sa place, en prédicateur d'un nouveau message, où Dieu était supplanté par la société, qui elle aussi avait ses lois. Comme Dick May, Durkheim aurait tué le père en changeant de nom – ou plutôt en occultant celui de ses prénoms qui sonnait le plus juif, « David », également porté par son géniteur[23]. Déclaré « David-Émile » à l'état civil, Durkheim renonce certes à ce premier prénom, le second tendant à s'imposer dans l'usage au XIX^e^ siècle (il en est de même pour la future Dick May, née Rosalie Jeanne Weill). Les logiques d'assimilation abondent dans ce sens, d'autant que chez les Durkheim comme chez les Weill on se sent patriote. Aussi semble-t-il excessif de déduire de cette mise entre parenthèses onomastique un reniement des origines.

Irrité par ceux qui estiment que, au moment de l'affaire Dreyfus, Durkheim, secrétaire de la Ligue des droits de l'homme et du citoyen à Bordeaux, « se lance dans la bataille au nom d'exigences morales, et non pas politiques, encore moins en tant que juif[24] », Pierre Birnbaum interroge à raison :

> Peut-on vraiment sonder les cœurs et séparer, ce qui relève de l'attachement aux Lumières et ce qui exprime un sentiment

identitaire, une fidélité à une tradition avec laquelle il n'a jamais rompu, du moins dans l'espace privé ? Comment distinguer, dans la vivacité de la réaction du sociologue de Bordeaux, l'atteinte à la dignité du citoyen de l'attaque antisémite, comment dire qu'elle exprime la première et non la seconde ? Ces distinguos n'ont guère de sens quand on sait que Durkheim demeure plongé au sein de ce « communisme familial », son milieu juif, dont il connaît les vertus, qu'il travaille, dans le cadre de *L'Année sociologique*, avec nombre d'intellectuels juifs, de Marcel Mauss à Emmanuel et Isidore Lévy, Jean Marx, Lucien Lévy-Bruhl, Albert Milhaud et Robert Hertz. Ils perdent toute signification quand on se souvient que Durkheim entretient des rapports étroits, durant l'Affaire Dreyfus, avec Salomon Reinach qui, avec son frère, est l'un des plus célèbres défenseurs juifs du capitaine, qu'il n'est pas inconnu du rabbinat de Bordeaux qui lui propose même de faire une conférence, qu'il se voit fréquemment, même au cours des discussions les plus savantes entre universitaires distingués, considéré comme juif[25].



Aucun chercheur, quand bien même il travaillerait sur les écrits du for privé, ne pourra jamais « sonder les cœurs » des individus qu'il étudie. Car ni les journaux intimes ni les correspondances n'échappent à la mise en scène de soi, aux contraintes génériques, à la rhétorique et aux postures. Ce que Birnbaum écrit de Durkheim pourrait parfaitement s'appliquer à Dick May. Filons le parallèle.

Pour cette célibataire qui ne quitta pas le domicile parental avant la mort de sa mère, la famille justifie parfois des compromis professionnels. De retour à Paris après un séjour à la montagne, elle explique à Louise Renard, qui aurait aimé la voir :

En arrivant ici, nous y avons trouvé mon frère aîné [Édouard] (avocat en Algérie) qui nous y avait précédés de huit jours ; sa femme est arrivée peu après, puis un bachelier à qui j'avais promis Paris en récompense de ses boules rouges. Nous sommes au grand complet. Cela fait beaucoup de bruit, et l'on ne fait pas grand-chose. Je compte me sauver à la Bibliothèque la semaine prochaine : entre la pipe de l'un, les fanfreluches de l'autre et les questions à jet continu du troisième, j'aurais toutes les chances possibles de sombrer sans espoir de guérison dans l'abrutissement chronique dont cette pauvre lettre vous fera soupçonner un passage aigu[26].

Toujours à Louise Renard, qui pourrait se fâcher qu'elle ne lui rende décidément pas visite, Dick May écrit l'année suivante :

> Il faut que j'aille à Londres en juin ; il le faut sous peine de tendre des rapports... diplomatiques entre ma belle-sœur [Hortense Otterbourg, la femme d'Édouard] et une partie de sa famille, rapports dont l'harmonie repose actuellement sur le cas que je ferai d'une invitation annuelle pour la *season*. Il n'y a plus guère à discuter ni à tergiverser. Je m'exécuterai, mais ma famille à moi, qui se fait, comme vous savez, une idée fausse de ma résistance aux fatigues, et, une fois pour toutes, s'est habituée à me considérer comme un objet fragile, ma famille jure que je me tuerais en faisant deux voyages coup sur coup, et que j'ai besoin de toutes mes forces pour entreprendre cette redoutable traversée qui mène en moins d'une heure et demie de Calais à Douvres. Je cède, car je n'aurais même plus le droit de prendre un rhume ; et alors[27]...

Voilà pour le « communisme familial », qui pèse sans doute davantage sur les femmes, surtout non mariées.

À l'instar de Durkheim, Dick May fréquente beaucoup de juifs, avec lesquels elle collabore volontiers. La liste, fort longue, a été en partie établie par les antisémites qui dénoncent son « apostolat cosmopolite[28] ». *La Revue critique des idées et des livres* raille dès 1908 dans l'École des hautes études sociales « une École bien française ». Pour illustrer cette antiphrase, elle égrène les noms des collaborateurs de Dick May – juifs, protestants, francs-maçons, étrangers, qui représenteraient ce que Charles Maurras appelait les quatre États confédérés. Parmi la « collection de juifs[29] » désignés figurent entre autres Émile Durkheim, René Worms, les frères Reinach, Xavier Léon, Victor Basch, Léon Rosenthal et Gaston Moch. Même énumération chez le R. P. Dom Besse, également maurrassien, qui voit dans l'École des hautes études sociales une manifestation de la supposée conquête juive, accuse Dick May de chercher à contaminer la Sorbonne, et par là tout l'enseignement national. Ironiquement, il n'y a bien que les antisémites pour reconnaître pleinement à Dick May la paternité de ses œuvres… Cela, évidemment, à charge. L'accent porte cette fois sur l'articulation entre laïcité et réflexion sur le social. Bien avant que ne soit promulguée la loi de séparation des Églises et de l'État, l'École des hautes études sociales a en effet organisé plusieurs cycles de conférences destinés à susciter la discussion. Ils sont orchestrés par le dreyfusard Théodore Reinach, que Dom Besse peint en « théologien » chargé de convertir la morale en religion de la démocratie. Il l'accuse de « romantisme » et de « libéralisme » religieux, lui reprochant surtout son culte du « progrès[30] ».

Enfin, si Durkheim dut faire face à des attaques antisémites, Dick May a été victime d'une campagne médiatique qui l'a encore plus exposée, du fait de sa notoriété « mondaine » et du pouvoir de nuisance – bien supérieur à celui de Durkheim – qu'on lui prêtait. Elle avait l'oreille des parlementaires, et pignon sur rue avec l'École des hautes études sociales, qui drainait un public plus vaste que la Sorbonne. De ces agressions, elle ne fait jamais état dans la correspondance que nous avons retrouvée ; les chercheurs en mesurent aujourd'hui l'ampleur et la violence, parce que c'est en grande partie à travers elles que le nom de Dick May a survécu, par sa mention dans les ouvrages antisémites, encore très faciles d'accès. Persistance du crachat. Dick May s'en est lavée dans l'action, préparée qu'elle était sûrement par des précédents : Édouard Drumont n'avait-il pas cité son père dans son pamphlet *La France juive*[31] ?

Ni Durkheim ni Dick May ne coupent leurs racines. Durkheim, qui respectait encore la *cacherout* pendant son cursus à l'École normale supérieure, et dont le père avait sollicité en vain auprès du directeur une dérogation pour qu'il puisse chômer le *chabbat*[32], s'écarte peu à peu de la pratique mais, ses parents vivants, participe aux principaux rituels et fêtes. De toute évidence, Dick May adopte *a minima* la même conduite tant qu'elle vit sous le toit de la pieuse Henriette. Après la « révélation » « du rôle capital joué par la religion dans la vie sociale[33] » (1895), Durkheim prolonge les travaux sur les juifs qu'il avait entamés dans un mémoire de première année à l'ENS. Dick May confiera pour sa part à Théodore Reinach la section d'études religieuses de l'École des hautes études sociales. En 1903, il coordonne « une série de conférences sur l'Histoire de la religion envisagée au point de vue social » pour laquelle il sollicite notamment le neveu de Durkheim, Marcel Mauss. Il lui propose d'ouvrir le bal, avec « une ou deux leçons [sur les] religions des peuples non civilisés dans leur rapport avec leur état social et leurs institutions. Ce serait la tête de la série, après quoi M. Glotz parlerait des religions de la Grèce et [lui, Reinach] de celle d'Israël[34] ». Les conférences eurent bien lieu, sans Mauss.

## Mystiques du travail

De leurs pères rabbins, Durkheim et Dick May ont retiré une forme d'ascétisme, la passion de l'étude et l'interprétation, la tentation de l'universalisme et une propension à la démocratie. Il n'est pas anodin que Durkheim ait fait de sa thèse un « hymne au travail[35] ». Alors qu'il prépare encore l'agrégation, il craint que ses efforts soient interrompus par la moindre diversion, fût-elle médicale. Cette hantise du désœuvrement ne le quittera pas. Ses cours tracés au cordeau, il se plonge – parfois plusieurs mois sans souffler – dans la rédaction de forts volumes qui lui importent plus encore. La création de *L'Année sociologique* bouleverse cet équilibre, les nécessités collectives rendant plus rare la solitude nécessaire à l'immersion dans les études personnelles. Le patron exhorte son équipe à se remonter les manches. L'anxiété s'accroît, la santé chancelle, l'épuisement guette. Cela n'empêche pas Durkheim de maintenir un rythme extraordinaire, même en vacances à Cabourg ou dans les Alpes vaudoises. Quand il est nommé en Sorbonne, la peur que la charge d'enseignement ne le ralentisse l'étreint encore. Au moins son traitement de professeur lui permet-il d'assurer une sécurité matérielle à ses enfants...

Dick May ne peut y prétendre. Quand ses adversaires mettent son éparpillement sur le compte d'un esprit capricant, ils oublient qu'elle est contrainte de multiplier les tâches alimentaires, avec ce qu'elles supposent de précarité, qu'on écrive pour les journaux ou le théâtre. En tant que secrétaire générale du Collège libre des sciences sociales et de l'École des hautes études sociales, Dick May touche certes un salaire – on ignore à combien il s'élève. Mais ce salaire, elle s'en plaint assez, ne suffit ni à ses ambitions collectives ni à son bien-être ; par « manque de subsides et [...] impossibilité d'en trouver », elle renonce ainsi à accueillir au Collège le criminologue et homme politique italien Enrico Ferri : « dans cette France, – la nôtre – où tant de millions se gaspillent bêtement, j'ai dû renoncer faute de quelques centaines de francs à une collaboration très précieuse et très désirée. Je n'ai pas besoin de vous dire que, si j'avais pu gagner cet argent en travaillant la nuit[36]... ». Veiller, pourtant, ne l'effraie pas ; c'est souvent après minuit, une fois traitées les affaires institutionnelles, qu'elle écrit ses propres textes. Mais ils ne sont pas toujours payés à temps. En 1912, elle supplie André Antoine de lui verser ce qu'il lui doit : « pourriez-vous me donner deux mille francs sur les sept mille de février 1911 ? Pardonnez-moi ; je me trouve, en rentrant à Paris, acculée à un de ces embarras que nous connaissons tous plus ou moins, – car c'est un rude métier que de travailler pour la princesse[37]... ». Antoine la tiendra en haleine (ou hors d'haleine) plus d'un an et demi.

Bien qu'elle « ne [s]e pose pas en farouche, éprise du travail *en soi* et foudroyant la paresse de foudres jacobines[38] », Dick May professe le même « culte du travail[39] » que Durkheim. En mesurer la part invisible plutôt que la production d'articles et d'ouvrages permet de rétablir la possibilité d'un parallèle entre elle et le Durkheim qui, à partir de 1897, consacre une grande part de son temps à la gestion de *L'Année sociologique* – « besogne » qui l'empêche de « travailler[40] » à son œuvre comme il le désirerait. Pendant les fêtes de fin d'année, malgré ses diverses obligations (qu'elle résumera ainsi en 1897 : « Des tâches d'écrivain, de secrétaire général, de bureau de secours ou de placement, d'amie, de sœur, de fille, et même de maîtresse de maison[41] »), Dick May « dégag[e] une moyenne quotidienne de six heures pour la bienheureuse copie[42] » ; le reste de l'année, elle fait en général « [s]a journée de dix heures[43] » passées au siège de l'établissement ou à la Bibliothèque nationale. À l'époque du Collège, elle pousse même jusqu'à quatorze : « Le Collège = cinq heures par jour. Travail personnel : agréable mixture de journaux à nouvelles, de revues [...] – cq : six heures. Lectures strictement nécessaires, journaux, revues, etc. : trois heures[44]. » Les registres l'attestent : d'autres jupes polissent les fauteuils, rue Richelieu, au tournant du siècle. Dans ces murs, « Simone de Beauvoir, plus tard, [...] [sera] une figure de transgression intellectuelle[45] » ; on imagine comment messieurs les lecteurs toisaient alors Dick May !

Austère, mais charismatique, Durkheim a souvent été décrit en ascète, en prophète, « prêtre plus encore que savant[46] ». Dick May développe une forme d'ethos monacal que son sexe et son milieu n'expliquent qu'en partie : si elle évoque avec humour « [s]a sauvagerie de carmélite-née, et mal sécularisée par la vie[47] », c'est plus sérieusement qu'elle présente son salon comme une « *cella* étroite où quelques rares élus dégustent les intimités qu'il [lui] plaît de raffiner pour eux[48] ». La mystique de la science prend ici des accents presque érotiques, comme lorsque Dick May évoque sa retraite estivale dans une abbaye :

> C'était une sorte de lassitude exquise, une délicieuse brisure de la volonté, un adorable engourdissement du cerveau, des rêveries sans but et sans fin dans les vieux cloîtres de l'abbaye où je logeais, – dans la chambre du prieur où la lune baignait d'or, fraternellement, les songes laïques de mes nuits tièdes et les têtes d'apôtres, immuables dans les médaillons des fresques pieuses [...][49].

Ne crions pas trop vite au blasphème ; la mystique ne laisse sans doute pas indifférente la fille du rabbin Weill, lequel l'avait peut-être nommée Jeanne en hommage à la religieuse visionnaire qui avait fondé des hospices pour les pauvres dans l'Italie du XVI^e siècle. Mère Jeanne avait été le guide de Guillaume Postel, kabbaliste chrétien auquel Georges Weill a consacré sa thèse latine, possiblement sur la recommandation de son père[50].

Chez Dick May, la tentation de la sainteté, loin de ne s'exprimer que dans la philanthropie bourgeoise, se déploie *via* une économie de l'entraide[51]. Elle s'articule à l'éthique du désintéressement et de la responsabilité inhérente aux professions intellectuelles. Persuadée que, si une femme dans sa position ne peut fédérer autour de son nom, elle se rend utile en faisant des « commissions », Dick May défend ce qu'elle nomme plaisamment le « collectivisme[52] » : un socialisme pratique, qui inclut de réserver un hôtel, faire porter des lettres, organiser des visites, solliciter pour d'autres un appui, un poste, une décoration. Les services qu'elle rend à la nation, jusqu'après la Grande Guerre, auraient pu lui valoir l'un des grades de la Légion d'honneur, à l'instar de Rosa Bonheur, Anna de Noailles, Eugénie Buffet ou Eugénie Weill. Mais, contrairement à un Marcel Proust, décidé à l'obtenir par tous les moyens, Dick May la refusera. Pilier de la vertu républicaine, le dévouement offre aussi une réponse symbolique au harcèlement, la bave du crapaud ne pouvant, dit-on, atteindre la blanche colombe.

En dépit de ces traits communs, la critique n'a cessé d'opposer Durkheim à Dick May, sous le prétexte que, commentant sa « nouvelle création » – l'École des hautes études sociales –, il taxe Dick May de « farceuse[53] ». Propos constamment cités, rarement commentés. Ils accréditeraient la réputation de fumisterie voire de bouffonnerie dont souffrait Dick May. À peine plus haut dans la même lettre, l'auteur ne s'offusque pas autant qu'Alfred Espinas ait sollicité plusieurs durkheimiens pour qu'ils interviennent au Collège libre des sciences sociales que Dick May a créé, et vient de quitter…

Ses critiques témoignent donc moins de réticences à l'égard de l'enseignement de la sociologie dans les établissements libres que d'un esprit de corps avec les collègues mâles qu'il respecte : il regrette qu'Émile Boutroux, qu'il présentera ailleurs comme son maître, suive Dick May à l'École des hautes études sociales. Or Boutroux, comme Espinas qui a précédé Durkheim à Bordeaux, est philosophe... Il incarne le sérieux de l'Université, contre la promotion de la sociologie par une femme venue du journalisme d'opinion et de la littérature. Que son approche ne paraisse pas assez scientifique à Durkheim, cela s'entend ; mais ne la perçoit-il pas au fond comme une rivale ? Durkheim devra attendre la première chaire de sociologie[54], en 1913, pour l'occuper à la Sorbonne. Cela fait des années que, dans la même rue, la sociologie remplit les salles. Avant même que Durkheim fasse école, Dick May en avait fondé plusieurs... De quoi hérisser les barbiches !

Rapprocher la lettre où il la brocarde de celle, antérieure, où il réagit cette fois à la création de la *Revue internationale de sociologie* par René Worms apporte un éclairage intéressant ; Durkheim, qui refuse d'y contribuer, déclare pour lever le soupçon de jalousie : « ce qui m'éloigne de cette revue c'est la réputation de farceur qu'a Worms, et que surtout je ne puis collaborer à une revue dont le directeur n'a aucun titre scientifique[55] ». Mêmes griefs que contre Dick May, même qualificatif. Certes Worms, fils d'universitaire, est un pur produit de l'institution scolaire – normalien, multiagrégé, plusieurs fois docteur... Beaucoup plus jeune que Dick May, il passera comme elle pour un animateur jouissant d'un formidable entregent, un vulgarisateur, un éclectique, un allié de Gabriel Tarde. Avant elle, il favorise la diffusion de la sociologie par l'articulation de différentes structures : une société savante sise à Paris, un institut international, une revue et une collection d'ouvrages. D'abord circonspecte, Dick May n'associe pas Worms au Collège libre des sciences sociales, malgré ses assiduités : « j'ai peur de Worms, qui nous guette, que nous ne voulons pas, qui m'assiège[56] », déclare-t-elle. Elle semble changer d'avis. Worms offre aux établissements de Dick May une vitrine dans sa revue, et il tiendra sans faiblir à l'École des hautes études sociales le cours de sociologie générale, consacré à Auguste Comte pendant au moins dix-huit ans !

Dick May tire un certain prestige de ses réalisations et de son réseau. L'antipathie qu'exprime Durkheim cache peut-être du ressentiment à son égard : affirmant que faire venir Durkheim dans la capitale « ne dépend[ait] pas d'elle[57] », elle se serait refusée à mettre son réseau à son service alors qu'il aspirait à quitter son poste à Bordeaux. Tout change quand, en juin 1902, Alfred Croiset et plusieurs dreyfusards proches de Dick May favorisent l'élection de Durkheim comme suppléant sur la chaire de science de l'éducation à la Sorbonne[58]. Dans la foulée, Durkheim est pressenti pour diriger l'École sociale à l'École des hautes études sociales. De 1905 (peut-être avant) jusqu'à sa mort, il siège au conseil de direction de l'établissement. Est-ce simplement une manière de remercier ceux qui l'ont hissé en Sorbonne lorsqu'il introduit en 1903 (avec Gabriel Tarde, familier de Dick May) le cycle sur les relations entre la sociologie et les autres disciplines ? L'année universitaire suivante, il traite des origines religieuses de la peine. Puis, en 1912-1913, de la religion et la sociologie au sein du cycle « Le problème religieux dans la pensée contemporaine ». Même s'il donne rarement des conférences, Durkheim suggère des intervenants, à commencer par Gustave Lanson, qui prononce à l'École des hautes études sociales un exposé capital sur l'histoire littéraire et la sociologie[59]. Preuve que Durkheim ne méprisait pas complètement l'École des hautes études sociales (l'invitation visait certes à différencier la sociologie des études littéraires) ; preuve aussi que cette école n'était pas simplement le lieu, comme on l'a si souvent dit, d'un enseignement de vulgarisation excluant la méthode. Rétrospectivement, Dick May arrondit les angles ; à l'occasion des dix ans de l'établissement, elle en condense la généalogie avec une nonchalance qui vaut rectification :

> Qu'était-ce que les sciences sociales [en 1896] ? Mon Dieu ! l'on n'en savait pas grand'chose. On comprenait vaguement que M. Durkheim, avec une puissante lenteur, dans son laboratoire de bénédictin, travaillait à l'on ne sait quoi d'ésotérique et de grand. Plus spontané, plus accessible, avec l'heureuse facilité de son esprit souple et charmant, Gabriel Tarde jetait dans la circulation, pêle-mêle, des idées, des boutades et des « lois »[60].



## Du côté de chez Gabriel Tarde

La concurrence avec Gabriel Tarde, lequel jouissait alors d'une aura plus grande, explique peut-être qu'Émile Durkheim se fasse discret à l'École des hautes études sociales. Collaborateur de Dick May depuis le Collège libre des sciences sociales, Tarde est en effet chez lui au 16, rue de la Sorbonne. L'introduction que Tarde et Durkheim ont menée ensemble en 1903 a viré au débat[61]. Sa sociologie, Tarde, magistrat et homme de lettres, l'écrit en littéraire. La description que fait de son style Frédérique Aït-Touati[62] correspond trait pour trait à la manière de Dick May : une langue pleine d'esprit, formée de longues phrases, d'incises, de figures et d'images. Durkheim, pour sa part, affecte le dépouillement qui sied au scientifique : tours grammaticaux généralisants, mise au présent, articulation logique du discours, gommage des marques personnelles. Pas question, pour Durkheim, d'adopter le style qui a prévalu à l'époque où les territoires de la littérature et de la science s'interpénétraient, et où l'on ne distinguait pas de disciplines au sein des sciences morales. Il importe d'adopter la posture du spécialiste face aux généralistes. De ce point de vue, la littérature, à la fois identifiée à l'ancien domaine des belles-lettres (grammaire, rhétorique, poésie, histoire), et assimilée aux arts, comme le fait Dick May, constitue pour Durkheim un repoussoir.

Charles Seignobos a beau intituler un de ses ouvrages *La Méthode historique appliquée aux sciences sociales*[63], il n'échappe pas à l'anathème ; qu'il synthétise un cours donné pendant trois ans au Collège libre de Dick May ne plaide pas en sa faveur, aux yeux de Durkheim. Dick May, elle, reste attachée à une approche adisciplinaire que la constitution de la sociologie en discipline universitaire, portée par Durkheim, lui semble menacer en partie. Si elle se réclame plus volontiers de la « vérité[64] » que de la « science », Dick May tient à la méthode, qu'elle promeut notamment dans les recensions qu'elle rédige, et qu'elle met en bonne place dans ses établissements. La méthode encouragée par Dick May rappelle celle de l'école historienne dite, précisément, méthodique. École conduite par le dreyfusard Gabriel Monod (1844-1912), lequel relie l'histoire romantique de Michelet à celle, plus critique, qui s'impose avec ce qu'on appellera les « nouveaux pédagogues ». Or G. Monod, professeur à l'École normale supérieure à l'époque où le frère de Dick May y étudie, est témoin en juin 1899 lors de son mariage avec Marie Renée Cohn, dont il connaît bien la famille. Au conseil de direction à l'École des hautes études sociales dès l'origine, il se charge d'y préparer à l'enseignement « populaire » de l'histoire, puis donne plusieurs conférences sur Michelet. À bien des égards, cet établissement apparaît comme la structure dont G. Monod rêvait depuis 1896 : un lieu d'éducation qui, sans offrir un enseignement spécialisé, proposerait des contenus dignes des établissements universitaires avec lesquels il dialoguerait. De fait, la ligne de l'École des hautes études sociales rappelle celle de la *Revue historique* fondée par G. Monod : généraliste, scientifique par la méthode et littéraire par le style, impartiale, sans dogme ni parti. L'historien creusera ce sillon, en considérant les travaux de synthèse chaque fois plus nécessaires ; c'est d'ailleurs à la *Revue de synthèse historique* qu'il confie en 1908 sa leçon inaugurale au Collège de France, qui plaide pour le rapprochement de l'histoire, la sociologie et la psychologie[65]. Ainsi, résume Camille Creyghton, il « trouve enfin une manière de résoudre la tension entre érudition et littérature[66] ».

Sous cet angle, les griefs de « mondanité » ou d'« éclectisme » désignent une propension à faire de la sociologie à la manière des belles-lettres : n'a-t-on pas reproché à Gabriel Tarde, comme à Dick May, son éclectisme ? Lorsqu'elle fonde l'École des hautes études sociales, Dick May tente de se débarrasser de la réputation d'éclectisme qui lui colle à la peau. Elle n'aime guère le mot, qui renvoie à la monarchie constitutionnelle, alors que lui importe l'avenir de la démocratie. Du reste, « [l]'éclectisme, dit-elle, n'a jamais réussi qu'à Cousin, qui en faisait sa carrière ; et ce fut une surprenante carrière, il ne s'ensuit pas que l'application en soit bonne au progrès général, ni au bonheur de la classe la plus pauvre, qui est la plus nombreuse et la moins philosophique[67] ». Le philosophe spiritualiste Victor Cousin apparaît néanmoins « comme le précurseur malgré lui des sociologues contemporains[68] » – pour reprendre l'étiquette que lui appose Gabriel Tarde dans sa leçon inaugurale au Collège de France (inspirée, on l'a vu, par Dick May). À l'heure de constituer l'équipe de professeurs qui interviendra dans ses propres établissements, Dick May privilégie des intervenants comme Émile Boutroux ou Lionel Dauriac qui se rattachent peu ou prou à l'école cousinienne, laquelle conçoit la philosophie dans ses rapports avec les arts et lettres plus que les sciences, ce contre quoi s'insurge Alfred Espinas :

> Aussi la parenté de la philosophie ainsi comprise avec l'art, surtout avec les belles-lettres, n'a-t-elle jamais été niée par les spiritualistes. Les plus distingués d'entre eux sont des humanistes, des dilettanti épris de la beauté grecque ou de la forme classique. Plus Cousin s'éloignait de la philosophie de la nature, dont il n'avait jamais épousé d'ailleurs que les conceptions transcendantes, plus il se retrouvait littérateur[69].

Si, sous l'angle politique, le cousinisme répugne à Dick May, elle apprécie son ouverture « disciplinaire ». Comme les philosophes de la République, elle réalise que le régime ne peut plus s'appuyer sur un courant, et que le succès d'une cause dépend aussi de sa capacité à toucher le plus grand nombre. Débattre en républicains, c'est précisément équilibrer les positions, y compris religieuses, afin de former au mieux les citoyens à la liberté et à l'autonomie morale. La notion de « réconciliation[70] », qui permet d'envisager certains penseurs proches de Dick May hors des polarisations habituelles, est très utile. Séduite par le leplaysisme, puis le solidarisme qui étaient des éclectismes aspirant à la paix sociale, Dick May a trouvé un qualificatif à sa mesure : réconciliatrice.

# Bons offices

Les maîtres peuvent toujours bâillonner la sonnette pour ne pas réveiller Monsieur Marcel, la femme de chambre ne dort pas. Même la loi du 13 juillet 1906, qui contraint les patrons à accorder à leurs employés une journée de repos hebdomadaire, exclut ces derniers s'ils travaillent chez des particuliers. Car, remarque Anne Martin-Fugier, « si le législateur intervient, il franchit à tort le seuil familial. Est posée ici clairement la question de l'intervention des pouvoirs publics dans le domaine privé[1] ».

## Des domestiques effacés

En femme d'hygiéniste, Jeanne Proust dut être sensible à la condition des domestiques, au cœur de nombreux débats contemporains. Elle qui apprécie tant Jules Simon et fréquente le docteur Brouardel n'ignore pas qu'ils luttent pour améliorer le logement ancillaire – selon l'usage, il est relégué au sixième, sous les combles. Mais la fibre sociale de son mari, qui prend le problème un peu trop à cœur et étudie le dossier de bien trop près, oblige Jeanne Proust à montrer quelle main de fer elle cache dans ses gants de velours. À une époque où tenir une maison bourgeoise, c'est d'abord tenir ses gens, il semble qu'elle ait en effet imposé à toute la maisonnée la « dictature[2] » que Robert de Montesquiou lui reprochait méchamment d'exercer sur ses proches. Du personnel servant chez les Proust, on connaît par la correspondance, les témoignages et les avatars romanesques : la cuisinière Félicie Fitau, secondée à un moment par Marie ; Eugénie Lémel et Marie Garruchet, femmes de chambre ; une nourrice dont il reste une photographie[3] – est-ce Louise, la bonne d'enfants ? – ; le valet Nicolas Cottin, que Marcel Proust réembauchera bien que sa mère l'ait renvoyé pour alcoolisme ; Gustave Clin et sa femme, concierges ; tant d'autres encore, réduits à un prénom : Antoine, Eugène, Augustine, Annette... Plus les femmes de chambre, qui vont et viennent selon leurs autres engagements (mariage, grossesse, retour en province), et selon que la maîtresse de maison les trouve un peu trop proches du père et des fils... Toutes ne méritent pas, selon Jeanne Proust, qu'on les recommande comme elle l'a fait pour Marie Garruchet, née en 1870 – même génération que Marcel –, recrutée en 1901 *via* une annonce dans le *Figaro*, et dont les doigts d'or firent merveille jusqu'en 1905 : « Elle est très habile, travaille également bien dans les robes et dans le linge, sait coiffer, servir à table et s'entend bien à toutes choses. Son honnêteté, sa probité et sa conduite sont à toute épreuve[4] », certifie son ancienne maîtresse. Les jours de réception, Jeanne Proust embauche en supplément, pour mettre les petits plats dans les grands. Elle sait ce qu'elle veut, et veut le meilleur : les fruits de chez Auger, les petits-fours de Rebattet, les confitures de Tanrade.

Les domestiques vaquent partout : ils lavent le linge et la vaisselle, bassinent les lits, vident les pots de chambre, entretiennent le feu et nettoient les cheminées, expédient voire portent la correspondance. Mais, chez les Proust, ils doivent se faire particulièrement discrets : la santé de Marcel ne tolère pas qu'on soulève de la poussière en battant les tapis, ou que les soins du ménage gâtent son sommeil. Conséquence : Jeanne repousse son propre endormissement, ce qui n'est pas sans causer des tensions avec lesdits domestiques, et avec son fils[5]... Comme Jeanne Proust elle-même, tiraillée entre des injonctions contradictoires – choyer son garçon malade et en faire un adulte responsable –, les domestiques sont pris entre le marteau et l'enclume : sollicités en permanence, ils voient parfois les ordres de Marcel contestés par sa mère. Qui, sinon eux que Madame et le jeune Monsieur troublent jusque dans la nuit, manque vraiment de sommeil ?

Bien plus qu'auxiliaire dans la *Recherche*, la savoureuse Françoise a une fonction ethno-sociologique ; sa fille de cuisine belle comme un Giotto révèle en creux les frasques de Swann, qui l'a vraisemblablement engrossée ; l'anonyme qui, chez les Guermantes, « cogn[e] une cuiller contre une assiette[6] » réactive la vocation d'écrivain du Narrateur vieillissant. C'est que la domesticité a rempli un rôle tout aussi dramatique à deux occasions au moins, quand Marcel Proust vivait chez ses parents. Se sentant humilié devant le valet Jean Blanc, il a brisé un vase cher à sa mère ; affaire bien connue, retranscrite dans *Jean Santeuil*, comme je l'ai rappelé. À un autre moment, une domestique est renvoyée pour avoir cédé à Marcel une courtepointe qui lui avait tapé dans l'œil[7]. Jeanne Proust ne quitte pas des yeux, elle, le lit de son fils...

## Une socialiste et son petit personnel

On imaginerait Dick May, plus activement engagée dans la réforme sociale, moins intransigeante avec son personnel. À Sélestat, dans son enfance, la famille Weill vivait chichement, et n'avait qu'une domestique : Barbe Bloch. J'ignore combien s'activaient au 22, rue Victor-Massé (ainsi qu'au 25, ancienne garçonnière de Georges). Ce dernier dit que sa mère menait « une vie matérielle très modeste » ; cuisinait-elle de ses propres mains ? Le souvenir de l'excellence des plats qu'elle préparait s'est en tout cas perpétué[8]. Par respect pour son grand âge, sa fille a peut-être engagé une domestique – *a minima*, les familles bourgeoises conservaient une bonne à tout faire. Une fois seule, Dick May ne renonce pas à son train de vie : elle déménage 7, rue des Saints-Pères, dans ce qu'elle présente comme « un perchoir d'étudiants, d'une petitesse absurde » ; ce n'est pas le sixième étage des domestiques, puisqu'il y a assez d'espace pour recevoir à dîner, autre raison pour laquelle Dick May a « gard[é] [s]a cuisine et [s]on service[9] » (plus de deux personnes, vraisemblablement, même si, par la force des choses, le nombre de domestiques diminue après la Grande Guerre). C'est dans ce « grenier[10] » qu'elle invite le romaniste belge Maurice Wilmotte et son épouse. Wilmotte à qui elle commente, sur papier à lettres de l'École interalliée des hautes études sociales, une obscure histoire :

> Je n'ai pas vu Marie depuis plus d'un mois. Elle a dit à ma cuisinière que je ne voulais plus la recevoir, et que je n'avais pas compris cette déclaration, à laquelle je n'avais pas répondu, mais qui ne reposait sur aucune réalité. Votre lettre me l'explique, et q. qs autres petites choses en même temps. Il a dû y avoir grande scène entre les deux dames du rez-de-chaussée, au cours de laquelle tant a dû être dit, et davantage… De fuite, chez moi, je ne vois aucune possibilité. La remplaçante de Marie est sourde. La cuisinière opère à l'autre bout de la maison. Le secrétaire ? Je sais bien que vous m'avez dit que l'universelle séductrice l'a « fait » comme un simple ministre ; mais pourquoi aurait-il repassé à Marie les confidences de l'adorée ? De ce déballage de linge sale, je ne vois qu'un point intéressant à dégager, c'est que vraiment

> ces dames auraient pu se priver de prononcer votre nom ; le mien de même ; si elles s'en sont avisées[11]...

Le détail de l'aventure échappe. Mais on comprend que Dick May a aussi des gens à l'École : un concierge et sa femme, des serveurs lors des réceptions (même si la secrétaire générale affecte de servir le thé elle-même), un personnel de cuisine restreint, pour des déjeuners volontairement « fruga[ux][12] » – importent surtout les nourritures spirituelles. De passage une semaine à Bruxelles, chez Émile Vandervelde et sa femme, elle se réjouit qu'ils aient laissé « gracieusement leur maison et leurs domestiques à [s]a disposition[13] ». Car les élites socialistes feignent de ne pas réaliser que la lutte des classes se dispute aussi dans l'eau de leur vaisselle. En 1900, lors du Congrès international de la condition et des droits des femmes organisé en marge de l'Exposition universelle, les représentantes du Groupe féministe socialiste – pour certaines passées par la condition domestique – ont pourtant alerté leurs camarades... Occupée à monter un autre Congrès international, sur l'enseignement des sciences sociales, Dick May eut-elle vent de ces débats ?

Ses fictions ne mettent qu'incidemment des domestiques en scène : dans « L'affaire Allard », ils remplissent un rôle narratif certain, d'abord comme suspects du meurtre de leur maître, ensuite comme témoins de son dédoublement de personnalité lors de crises de somnambulisme ; le personnel féminin de la maison, concierge mise à part, est à peine évoqué, sous prétexte de vraisemblance. L'autoanalyse d'un maître qui se croit très « généreux » justifie que ses subordonnés soient surtout perçus à travers lui, *via* des formules qui sonnent comme des maximes : « L'honnêteté d'un soudoyé reste, par instinct naturel, à la merci d'un intérêt supérieur. » La formule, imaginée par Dick May, ne reflète certes pas nécessairement sa pensée propre. Et le héros voit la fiabilité de ses gens confirmée par les résultats du test graphologique auquel il les soumet. Leurs « écritures pauvres[14] », toutes similaires, entérinent ses préjugés de classe. Dans ses autres fictions, Dick May ne semble pas accorder autant de crédit au petit personnel. Elle qui s'est intéressée en sociologue aux nourrices, aux couturières, aux institutrices, aux infirmières, ne fait pas grand cas des domestiques avec lesquelles elle partage son quotidien.

Il y avait pourtant là un sujet à la mode, autorisé aux femmes, que les réformistes abordaient notamment par le biais de l'enseignement ménager. Lorsque Dick May déplore, dans un article aux airs de manifeste hygiéniste, que « la femme du peuple [ne soit] pas une ménagère[15] », parce qu'elle n'a pas le temps et n'a pas été formée à ces considérations, elle oublie de dire que souvent la femme du peuple est ménagère chez les bourgeois... L'« éducation ménagère » que Dick May encourage vise à améliorer les intérieurs ouvriers pour que le père de famille s'y sente bien et ne sorte pas s'exposer au vice. Elle n'y voit pas une solution à la crise des vocations ancillaires et à la baisse de qualité dans le recrutement (1895-1900), comme Augusta Moll-Weiss qui, après une enquête pour le Musée social, proposera d'importer en France les écoles de servantes qui existent en Suisse, en Belgique et aux Pays-Bas[16]. Ni, comme Charles Gide – investi à l'École des hautes études sociales au point d'en devenir le vice-président –, la promesse d'une transformation radicale du service, qui pourrait déboucher à plus long terme sur la disparition des domestiques. Chez la secrétaire Dick May, toujours partie en course pour les autres, pas la moindre velléité d'identification à la servante ; on ne mélange pas les torchons et les serviettes, les basses besognes et les bons offices. Après avoir évoqué l'histoire de domestiques que j'ai rapportée plus haut, Dick May écrit ainsi, en latin, au romaniste Maurice Wilmotte : « *paulo majora canamus* » (« Élevons un peu le sujet de nos chants », citation des *Bucoliques* de Virgile), « maintenant revenons à des réalités sereines, nettoyées au moins de toute contamination ancillaire[17] ». C'est pousser l'hygiénisme un peu loin ! Dans sa correspondance, Dick May se montre intraitable avec ses domestiques – il est vrai que le contexte de ses récriminations nous est inconnu... Au printemps 1904, elle se plaint à Charles Péguy d'une nommée Éliane, dont je déduis qu'elle et son mari sont sans doute concierges à l'École des hautes études sociales :

> Je n'y comprends rien. Éliane me dit jeudi soir que vous êtes venu, – point monté parce qu'une réunion se tenait en haut ; soit. – Puis, hier, parce qu'« il y avait du monde » – et c'est là que je ne comprends pas : vous méfiez-vous des amis de l'École ? ou, (et c'est là surtout que je me méfie,) Éliane, pour des motifs que j'ignore, mais que je tiens le cas échéant à tirer au clair, Éliane s'aviserait-elle, de vous barrer la voie ? – À tout hasard je lui ai administré hier une mercuriale publique ; mais j'aimerais fort à savoir[18]...

Difficile de juger, à distance, si Éliane se range parmi les domestiques récalcitrantes, ou les zélées : témoin une lettre où l'on apprend que, si elle n'a pas transmis le courrier de Dick May à l'équipe des *Cahiers de la Quinzaine* qui devait le lui réexpédier sur son lieu de vacances, c'est qu'elle n'en avait pas reçu l'ordre à temps[19]... Quoi qu'il en soit, le torchon brûle. Dans une lettre non datée, Dick May indique à Péguy qu'elle a donné ses gages à un ou une domestique : « Changement de domestique (dans des conditions assez comiques pour être racontées) et, par suite, certitude de dîner le dimanche ajournée d'une semaine ou deux[20]. » Qu'a fait Éliane – si c'est d'elle qu'il s'agit – pour mériter le renvoi ? Quelle dent avait-elle contre Péguy ? Dick May a jugé qu'elle ne restait pas à sa place… Et la lui a fait perdre. Mais la rosse, ici, n'est-ce pas la patronne ? N'ayant pas connu le sort de la « chère Céleste[21] » qui fut la femme de chambre et la secrétaire de Marcel Proust, la pauvre Éliane n'a pas laissé ses souvenirs sur Mademoiselle Dick May. Céleste a dormi dans le lit de jeune fille de Jeanne Weil ; après la mort de Marcel Proust, elle a récupéré un bureau serti d'une plaque gravée aux initiales J. W.[22], elle a « ten[u] salon[23] », répondu aux journalistes, reçu le grade de commandeur de l'ordre des Arts et des Lettres. Éliane n'a hérité de rien. En l'absence de recensement à Paris dans ces années, je n'ai pas même pu l'identifier. Sans nom de famille, impossible de la retrouver par d'autres voies. Dommage : elle aurait sans doute contribué à brosser un portrait plus juste de Dick May, et on aurait rêvé que ses « confessions d'une concierge[24] » fassent l'histoire de l'École des hautes études sociales par le bas. Ah, si les subalternes pouvaient parler !

# Cendres

C’est à mi-voix que d’aucuns suggèrent que le docteur Proust, grand hygiéniste, épidémiologiste d’envergure internationale, aurait transmis à sa moitié une maladie vénérienne qui aurait causé à la digne épouse des souffrances durables[1]. Ni un mari et un fils médecins, ni des cures répétées à Salies-de-Béarn, au Mont-Dore ou à Kreuznach ne suffisent à calmer les maux de Jeanne Proust. Malgré de grosses opérations, son état se dégrade. Mais, comme le note Roland Barthes en deuil de sa propre génitrice, « elle l[e] cache farouchement[2] ». Dignité de maîtresse femme dans une société bourgeoise où il ne faut rien laisser paraître, réserve de mère qui refuse de peser, pudeur voire honte d’être touchée au plus intime – la matrice. Qu’Adrien l’ait orientée vers les praticiens les plus compétents (des confrères de sa connaissance ?) accentue encore la gêne qu’a dû éprouver la patiente, jupes relevées. Peut-être assistait-il d’ailleurs à la visite[3]... Après la mort du chef de famille, les souffrances de sa mère décident visiblement Robert, qui avait consacré sa thèse à l’ablation de la prostate, à se pencher de plus près sur les affections gynécologiques et leurs traitements. En 1904, alors qu’il assiste Samuel Pozzi, il signe un précis de chirurgie de l’appareil génital de la femme qui connaîtra une série de rééditions jusqu’en 1933. Il s’intéresse alors à l’« ablation du cancer du col par voie vulvo-périnéale élargie[4] » et aux modalités d'utilisation du radium en cas de tumeurs malignes. Ses cours et ses manuels épargnèrent sans doute à d'autres malades le calvaire de Jeanne Proust.

C'est précisément « vers la fin du XIXe siècle que le cancer, érigé en fléau social, fait l'objet d'une prise de conscience collective ». Statistiques accablantes, concentration géographique des cas révélée par la presse, scandales médicaux installent en France « cette grande peur des temps modernes[5] ». L'affaire Eugène Doyen suscite un tollé : sous prétexte de vaccination, ce chirurgien avait inoculé la maladie à plusieurs de ses patientes endormies pour une opération. Le dramaturge François de Curel en tire *La Nouvelle Idole* (1899), que Dick May tient pour « un chef d'œuvre[6] ». Cette pièce scelle le recul de la consomption qui a emporté tant de femmes et la progression du cancer, tout en actualisant la lutte entre la science et la religion : le héros transmet des cellules malignes à une jeune religieuse phtisique qu'il croit de toute façon condamnée ; mais elle guérit miraculeusement de l'affection de poitrine en buvant de l'eau de Lourdes, alors que la tumeur se développe. Persuadé de l'utilité de ses expériences, il finira par injecter la maladie à son épouse et deviendra son propre cobaye. Ironie du sort : André Antoine, *alter ego* d'Eugène Doyen sur scène, fait interner dans la clinique parisienne de ce dernier son épouse, Pauline Verdavoine, atteinte d'un cancer du sein. E. Doyen la charcute ; elle multiplie les séjours en maison de santé, où Dick May vient prendre de ses nouvelles[7]. La pauvre mourra des suites de ces interventions négligentes d'E. Doyen, qu'elle a percé à jour.

## Feu l'épouse du docteur

Le 26 septembre 1905 au matin, Jeanne perd la vie et son prénom. Le carnet de deuil l'ensevelit sous les fleurs, le *curriculum* de feu son époux et les amitiés mondaines de Marcel, qui a peut-être dicté la nécrologie du *Figaro*[8]. La veuve d'un éminent professeur de cette médecine qui ne l'a pas sauvée s'éteint rue de Courcelles, aphasique dans cet appartement où sa conversation a enchanté tant de convives. Seul *L'Univers* – organe catholique volontiers antisémite – rappelle qu'elle est « née Weil[9] » ; les journaux ne précisent pas qu'elle sera inhumée selon le rite juif, en 3e classe. L'acte de décès porte la signature de Georges, le frère de la défunte, et de Robert. Comme le personnage d'Alexis dans une de ses nouvelles, Marcel dut « se sent[ir] incapable de supporter la douleur de l[a] voir », aussi parce qu'« il savait » que, avec sa chevelure restée de jais, elle « lui ressemblait[10] », et appréhendait sa propre mort. La critique a signalé combien il se sentait coupable de l'inquiétude qu'il avait causée à sa mère, sans qu'elle puisse partir en paix. Les semaines précédentes, les contraintes d'emploi du temps, les commissions incessantes qu'il lui imposait – « l'expédiant [...] chez Léon Daudet lui porter quelque paquet, l'envoyant [...] à Neuilly prendre des nouvelles de Gabriel de Yturri, la chargeant une autre fois de reconduire Marie Nordlinger à Auteuil[11] » –, les dîners qu'elle mettait sur pied pour lui avaient corrodé sa santé fragile ; accompagner Marcel à Évian avait porté le coup de grâce. À peine sur place, Jeanne Proust avait été saisie de nausées et de vertiges, sans accepter qu'on appelle le médecin : elle en avait trop vu, et préférait se concentrer sur la santé de son fiston, qui d'ailleurs ne tarda pas lui-même à se trouver mal. Rapatriée dans la capitale par Robert, au terme d'un voyage difficile, Jeanne dépérit mais tente de garder la face, repoussant les remèdes et s'entêtant à s'apprêter malgré son état. Ses tourments hanteront Marcel, qui note dans un de ses carnets : « Rêve de Maman, sa respiration, se retourne, gémit "Toi, qui m'aimes ne me laisse pas réopérer, car je crois que je vais mourir, et ce n'est pas la peine de me prolonger"[12]. » Quand elle expire en septembre 1905, on pleure surtout la veuve du docteur Proust, qui lui avait donné un « écrivain connu[13] » (il le deviendra plus encore) et un agrégé de médecine.

## Accident ou suicide ?

Un dimanche matin d'août 1925, le corps sans vie de Dick May est retrouvé dans un ravin de la Vanoise, après d'éprouvantes recherches. Son frère le rapatrie de Pralognan. À 66 ans, cette passionnée de montagne gravissait seule le Petit mont Blanc ; elle aurait « abandonné le sentier qui sert de route aux excursionnistes », « pr[is] un chemin de traverse » (a-t-elle fait autre chose, toute sa vie ?), avant de chuter de 150 mètres : « elle avait dû glisser ; on sait le reste[14]... », conclut *Le Journal*. Mais le sait-on vraiment ? Cet accident de montagne semble en effet suspect à qui a suivi, au fil de la correspondance de Dick May, l'intensification de ses états dépressifs. Si, à la trentaine, elle s'agace que sa famille la « consid[ère] comme un objet fragile[15] » et limite ses voyages, elle ne nie pas qu'elle est « parfaitement abrutie, et [...] [s']évanoui[t] comme une mouche[16] ». Un état récurrent, puisque, en 1923, encore « abominablement surmenée », elle « recule [...] même devant une lettre à écrire[17] ». En perpétuelle course contre la montre, Dick May passe « des minutes [...] à compter les secondes[18] ». La dyspepsie dont elle souffre – peut-être sous l'effet du corset – semble annoncer des formes d'anorexie. Dick May veille, se surmène tant qu'elle saute des repas, quand elle ne se met pas carrément à la diète. Cet « ascétisme du régime "en travail" » dit assez son harassement. « Il y [a] plus d'un mois qu'elle n'[a] mangé de la viande », s'inquiète sa mère en août 1900, un peu rassurée qu'elle lui écrive « qu'elle se sen[t] sérieusement beaucoup mieux et qu'elle [a] mangé, et avec plaisir, du canard au déjeuner[19] ». Le surmenage des intellectuelles, Dick May le met en scène au théâtre, dans *Mère* où le spectateur apprend immédiatement que l'héroïne Élisabeth Burnet « mange à peine et file entre deux cours à la bibliothèque de l'Université[20] », tout comme dans *La Courroie sans fin* Nelly Roseray, vampirisée par ses élèves de lycée, rêve que la révolution prenne la forme d'« [u]ne année de repos [...] pour [s]e refaire des poumons et du sang ; une année sans dicter le cours et sans parler haut[21]... ».

En juin 1913, Dick May fait état de plusieurs « jours de grosse fatigue[22] », qui l'ont tenue éloignée de l'École. Qu'elle en plaisante parfois ne signifie pas qu'on doive prendre ces confidences à la légère. Car le trait d'esprit, ou les postures attendues des épistolières (dont l'ethos se construit entre enjouement et affectation de supposées faiblesses du sexe) masquent souvent une vérité. Aussi y a-t-il plus que de la pose quand Dick May déclare à Louise Renard, dès 1894 : « je suis lasse, et j'ai le désir de la mort ; vous comprenez le bien que me fera votre séjour ici ; vous êtes la vie [...][23] ». *Idem* quand elle teinte de pessimisme ses vœux à Gabriel Tarde, évoquant la Saint-Sylvestre « où l'on médite (censément) sur les recommencements de l'éphémère[24] ». Au même, qui lui demande ce qu'elle devient, elle avoue en 1898 : « Je ne suis pas malade, au sens net du mot, mais j'hésite entre les deux apparences vaines – la vie et la mort – de l'éternel néant[25]. » Et à Henri La Fontaine, plus tard : « c'est fou de vivre ainsi, – ou plutôt de se tuer, car notre vie est-elle autre chose qu'un suicide lent et conscient[26] ? ». Les tâches en retard sont épongées le week-end : elle met à profit le « loisir (censé) dominical pour [...] répondre » au Belge Maurice Wilmotte « autrement que dans ce joli style petit nègre qui tend à s'installer trop, – beaucoup trop – dans la correspondance du civilisé (censé) moderne et pressé ». Mais l'épistolière reconnaît, dans un sourire, une forme de mécanisme : « Ce que je deviens ? Une machine à faire vite des phrases intéressantes, que l'on aimerait à savourer. (La vie de même ; qu'il serait doux d'en déguster lentement les joies infinies !)[27] » Tout entière tendue vers ses vacances à la montagne, Dick May s'y retire lors de « retraites » qui lui procurent « une sorte de lassitude exquise, une délicieuse brisure de la volonté, un adorable engourdissement du cerveau, des rêveries sans but et sans fin », où elle se « laiss[e] bercer jusqu'à l'oubli universel par la divine douceur[28] ». L'Alpe – particulièrement l'Engadine, dans le canton des Grisons – est un refuge où elle pose sa plume.

L'épreuve économique et morale de la Grande Guerre, dont ne sont pas rentrés collaborateurs et amis, jointe aux décès de sa chère maman (1919) et d'Alfred Croiset (1923), lui porte le coup de grâce. Elle délègue de plus en plus les affaires du Collège, sa calligraphie se dégrade (sa vue a-t-elle baissé ?), et sa correspondance semble s'espacer. Du moins n'ai-je retrouvé que peu de lettres d'elle en 1924-1925. À qui sont allés ses biens, sa bibliothèque, les centaines de courriers qu'elle devait garder serrés dans un secrétaire ou une malle ? Aux Archives de Paris, où j'espérais trouver une trace matérielle de l'héritage de Dick May, on me répond : « pas de succession déclarée pour Mme WEILL Rosalie ; ligne vierge, page 134/163[29] ». *Ultima verba.* Dans ses derniers jours, Dick May vivait au sein même de son école, peut-être dans les quartiers d'ordinaire réservés aux domestiques, ce « deux pièces et une cuisine » « sobrement, mais suffisamment (lits, tables et chaises)[30] » meublé qu'elle avait mis à la disposition de la veuve d'Eugène Fournière au début de la Grande Guerre. Confirmant sa réputation de sainte dévouée à la science sociale, Dick May fait corps avec son établissement. Ses effets, restés à l'École des hautes études sociales, auraient été égarés dans les divers déménagements ? J'en doute. Elle ne semble avoir transmis aucun bien matériel. Et si, comme le héros malade de sa nouvelle « L'affaire Allard » avait un temps songé à le faire avant de se suicider[31], elle avait détruit ses papiers, à commencer par la copieuse correspondance qu'elle avait reçue ? Il n'est pas rare que les femmes sentant la mort venir ou la désirant brûlent les écrits en leur possession, comme le résume Michelle Perrot :

> Ainsi les femmes, souvent, effacent-elles d'elles-mêmes les marques ténues de leurs pas en ce monde, comme si c'était une offense à l'ordre que d'y paraître. Cet acte d'autodestruction est aussi une forme d'adhésion au silence que la société impose aux femmes, faites, comme l'écrit Jules Simon, « pour cacher leur vie » ; un consentement à la négation de soi qui est au cœur des éducations féminine, religieuse ou laïque, et que l'écriture – comme aussi la lecture – contredisait. Brûler ses papiers est une purification par le feu de cette attention à soi qui confine au sacrilège. Ce gigantesque autodafé a eu raison de la majeure part des écrits privés de femmes, en même temps que d'archives familiales dont leur longévité les faisait les gardiennes. La mort subite, les placards oubliés des grandes maisons provinciales sont les seuls pare-feu de cet incendie[32].

Dick May, cette grande planificatrice, aurait-elle programmé son décès ? Dans ce cas, faire disparaître ses archives a peut-être été pour elle une manière de préserver son intimité, et d'orienter la postérité vers l'existant : des publications et des structures tangibles et validées.

## Oublieuse postérité

Alors que les hauteurs du Père-Lachaise attisaient chez Rastignac l'ambition de pénétrer le « beau monde[33] », Dick May réalise très tôt qu'y « aboutissent éternellement les agitations, les joies et les peines de cette pauvre petite humanité[34] ». C'est là qu'elle sera inhumée au terme d'une « cérémonie très simple[35] » réunissant rien de moins qu'un délégué du président de la République, le rabbin Jules Bauer – directeur du séminaire israélite de France –, et moult notables. Sa mort accidentelle à l'été 1925 ne passe pas inaperçue, quoique les dépêches continuent d'écorcher son nom et qu'on persiste quelquefois à la croire étrangère. Même mal nommée, Dick May a une renommée ; la presse annonce ses obsèques, et son œuvre – « plusieurs romans très goûtés[36] », une école, un comité d'union latine, des actions de bienfaisance – lui survit dans les nécrologies. *Le Petit Parisien* présente l'École des hautes études sociales comme « l'enfant[37] » qu'elle n'a pas eu, reprenant une métaphore qu'elle-même aurait utilisée. Très vite, pourtant, son souvenir s'estompe comme un texte mal encré. Mal ancré.

Sur le programme de l'École des hautes études sociales pour l'année 1925-1926, le nom de Dick May trône encore au titre de « fondatrice » ; mais l'éternelle secrétaire générale a été remplacée à ce poste par Joseph Aulneau (1879-1944), « Conseiller référendaire à la Cour des comptes[38] », protégé de Deschanel qu'il a assisté en 1920 comme chef de cabinet adjoint quand il était président de la Chambre, puis comme directeur de cabinet une fois Deschanel à la tête de la République. Contributeur de la *Revue politique et parlementaire*, auteur d'une thèse sur la circonscription électorale et de plusieurs essais chez des éditeurs bien connus de Dick May (Alcan, La Renaissance du livre, Plon), J. Aulneau avait enseigné à l'École des hautes études sociales, et occupé le poste de secrétaire du comité français pour l'Union latine : sa nomination aurait sans doute agréé à sa prédécessrice. Mais l'École des hautes études sociales n'a pas jugé utile d'honorer la mémoire de cette dernière d'une conférence. Si hommage il y a eu, il n'a pas été annoncé.

Plusieurs individus qui n'avaient pas hésité à solliciter l'appui de Dick May la chargent après sa mort. Peu à peu, son souvenir s'érode. Ce n'est qu'au XXIe siècle que l'École supérieure de journalisme (ESJ Paris) et l'École des hautes études internationales et politiques (HEI-HEP, aujourd'hui HEIP), deux établissements revendiquant leur filiation aux écoles fondées par Dick May, ont réactivé son héritage, non sans concurrence ni stratégies. Il s'agit de se doter d'une longévité – « 120 ans d'Histoire[39] », affiche fièrement le site d'HEIP depuis 2019 – et du patronage d'une femme, particulièrement efficace en ces temps d'invitation à l'*empowerment*. Comment ne pas se réjouir, bien sûr, que Dick May rentre « chez elle », et soit mieux connue des jeunes générations ? Je n'ai pas boudé mon plaisir ni caché mon émotion lorsque le 9 juillet 2015 l'ESJ-Paris m'a fait l'honneur de participer au dévoilement d'une plaque en hommage à Dick May. Autre occasion de réjouissance : ce jour-là, c'est à une jeune femme que ses résultats au concours ont valu la première bourse « Dick May », couvrant pour une année les frais de scolarité. De son côté, l'association Oratores d'HEIP a inauguré en 2022 un concours « Dick May » d'éloquence universitaire autour des droits de la femme. Sur le visuel qui annonce que, pour cette première édition, le jury sera présidé par Najat Vallaud-Belkacem, on ne trouve curieusement pas le portrait de Dick May, mais ceux de Simone Veil, Joséphine Baker, Gisèle Halimi, Coco Chanel, George Sand, et… Jeanne Proust !

# Berthe disparue

La Jeanne Weill qui ne signe pas encore Dick May vit 6, rue de la Bastille à Paris. Son père y est mort le 6 janvier 1889, et la famille est contrainte de déménager, soit pour des raisons financières, soit que le souvenir du défunt rende irrespirable l'ancien domicile. De fait, cette adresse est remplacée dès le 15 novembre par le 22, rue Victor-Massé[1]. Dick May y habite avec sa mère et sans doute une sœur de six ans son aînée[2], Bella *Berthe*.

## La véritable inconnue

De cette sœur, la correspondance retrouvée ne dit rien, alors qu'elle évoque plusieurs fois les frères de Dick May et ses belles-sœurs. Silence écrasant, qui rappelle comme un écho sourd celui qui entoure longtemps Robert Proust, le frère de Marcel, parcimonieusement évoqué dans les lettres de Marcel Proust, et absent de cette recomposition d'essence autobiographique qu'est la *Recherche*[3]. Mais l'hypothèse de la jalousie, assumée par Marcel Proust[4], ne tient pas ici. D'ailleurs Dick May a pu combler un lourd silence en nommant Belle l'héroïne du *Cas de Georges d'Arrell* (1891-1892), qui révéla ses propres talents de romancière. Hommage fort discret, car

« Belle » est, dans la fiction, le diminutif d'Isabelle, comme pour prévenir les interprétations biographiques…

Le laconisme de Georges Weill, à l'heure d'évoquer son autre sœur, épaissit le soupçon : « Ma sœur Berthe Weill, née en 1853, vit encore à Paris et porte gaillardement ses 84 ans[5]. » En dépit de sa merveilleuse longévité, Berthe n'aurait-elle rien « fait » de sa vie ? Même en admettant qu'elle ait été éclipsée par sa cadette, n'avait-elle aucune vertu, aucun don, aucune aptitude – ne serait-ce qu'au point de croix ? Sans grand espoir, j'interroge Micheline Triomphe, la petite-fille de Georges Weill. Née en 1929, elle ne semble pas l'avoir connue, alors qu'elle avait 16 ans en janvier 1946 lorsque Berthe est décédée ! « Pendant la guerre, on ne fréquentait pas beaucoup le côté juif de la famille », me confie-t-elle ; « il y avait beaucoup de secrets dans la famille Weill, parce qu'on ne souhaitait pas parler de "quelqu'un" – "le cadavre dans le placard"[6] ». Je souffle le nom de Berthe. Micheline se souvient d'une histoire d'« araignée au plafond ». Alors que les méchants s'acharnaient à faire passer Dick May pour toquée, cette dernière aurait été touchée par la maladie mentale d'une proche, affection alors jugée honteuse. Suivons cette hypothèse : l'événement qui ébranle la famille Weill en 1884, au point de contraindre le père à démissionner, pourrait concerner sa fille aînée, prise d'un accès de folie ou victime d'un incident qui lui aurait fait perdre la tête…

## Une survivante

Son dossier médical – s'il a existé – a été détruit depuis des lustres. Mais les sources ne sont pas aussi muettes que Berthe Weill : les archives gardent trace d'un passage, dans ses vieux jours, à l'hôpital où elle est décédée, survivant aux autres membres de sa fratrie (Jeanne a disparu en 1925, Édouard en 1937, Georges en 1944), et à la Shoah. Sa solitude m'étreint : qui donc lui a tenu la main dans les derniers moments ? Les recensements indiquent que, en 1926, elle vit 47 *bis*, rue d'Orsel, dans le 18e arrondissement de Paris, sous le toit d'une « amie » née en 1876 dans la Meuse, Jeanne Halff. Cette femme qui porte le même prénom que sa sœur l'a-t-elle prise sous son aile, voire sous tutelle, car Berthe Weill ne travaille pas – divers documents administratifs la disent « sans profession » (ce qui certes ne signifie pas grand-chose, quand on sait que la même mention caractérise parfois Dick May) ? En l'absence de soutiens familiaux, il fallait bien, pourtant, que Berthe survienne à ses besoins. Peut-être réalisait-elle quelque travail à la tâche depuis son domicile, chose courante dans les classes moyennes et populaires ? Plusieurs décennies après la disparition du rabbin Weill, la solidarité communautaire fonctionne toujours : Jeanne Halff est la fille d'un ancien ministre du Culte israélite de Verdun[7], Abraham Halff (1843-1917), installé à Paris depuis 1906[8]. À peine plus âgé que le fils aîné des Weill, le rabbin Halff a sans doute moins fréquenté son confrère Michel Aaron que ses enfants. Son propre fils Sylvain (1874-1941), professeur de formation, républicain, passionné par la question d'Alsace-Lorraine, a pu connaître Georges Weill et Dick May[9]. Quoi qu'il en soit : voilà Berthe Weill en cohabitation, voire en colocation, avec une autre fille de rabbin, Jeanne Halff. Cette dernière est de vingt-trois ans sa cadette : autre génération, autre éducation. Jeanne Halff exerce le métier de dactylographe, qui séduit toujours plus de femmes depuis la Grande Guerre. Tournant décisif : Madame Proust se chargeait, sans être payée, d'une partie des écritures de son mari ; Dick May occupait un poste de secrétaire générale faute de pouvoir endosser officiellement la direction de ses établissements ; Jeanne Halff propose directement ses services *via* une annonce récurrente de *L'Univers israélite*, organe auquel son frère a jadis contribué : « Dactylographie ; travaux au duplicateur ; copie de rapports ; correspondance commerciale. Travail soigné et rapide ; prix modérés (tarif sur demande). Excellentes références[10]. » Plus tard, vers 1930, Jeanne Halff donnera des leçons de sténodactylo à destination des jeunes. Contrairement à Berthe Weill, qu'on imagine tournée vers l'intérieur, dans tous les sens du terme, Jeanne Halff évolue dans le milieu mixte des employés de bureau, en pleine transformation. Grâce à elle, il y a plus de noir que de blancs sur la page.

En 1931, Berthe Weill partage toujours le gîte et le couvert avec Jeanne Halff, locataire au 47 *bis*, rue d'Orsel, dans le même arrondissement. En 1936, on la retrouve rue d'Orsel, mais un numéro plus loin, au 49, avec une autre femme – peut-être sa logeuse. Jeanne Halff a disparu[11]. Difficile de savoir où Berthe Weill passait ses journées. Rue Victor-Massé, restait-elle au salon quand Dick May recevait ? Son souvenir, dans les parages, a été occulté par celui d'une contemporaine homonyme, la première femme marchande d'art, restée célibataire elle aussi, qui tint jusqu'en 1917 au numéro 25 une étroite galerie où exposèrent entre autres Braque, Chagall, Léger et Picasso. Après la mort de leur mère, Dick May a-t-elle hébergé sa sœur ? Nouvelle « *Madwoman in the Attic*[12] » comme la Bertha Mason du roman *Jane Eyre*, Berthe l'accompagna-t-elle dans le « grenier » de la rue des Saints-Pères, puis à l'École des hautes études sociales ? Ou se réfugia-t-elle chez Georges, ce qui paraît moins logique, car il avait charge d'âme ? La Bertha de Charlotte Brontë meurt après un incendie qu'elle a allumé ; Berthe Weill s'éteint à Saint-Antoine, des suites d'une brûlure qui avait justifié une opération. Elle figure au registre des entrées sous un seul prénom, « Bella » : son prénom « juif[13] » ! Avec cette adresse : « 36 rue Sibuet[14] », 12e arrondissement, où je la perds. Que de questions sans réponse ! En me concentrant sur la « petite sœur de Durkheim[15] », j'ai failli manquer la véritable invisible de la famille : la grande sœur de Dick May.

# Le visible et l'invisible

Parallèlement aux mesures antisexistes, se sont multipliées ces dernières années les entreprises d'exhumation d'un certain nombre d'« oubliées » et d'« effacées[1] ». Ce geste, lorsqu'il s'adresse au grand public, se double d'une héroïsation. Des personnalités qualifiées de « culottées[2] », de « pionnières », « puissantes » et « inspirantes » certifient l'existence d'un matrimoine autrement plus riche. Parce qu'elles sont l'arbre qui cache la forêt[3], les Tumblr, comptes Twitter, podcasts, anthologies et essais militants[4] qui leur sont consacrés reproduisent inévitablement le processus de sélection qui, braquant le projecteur sur quelques-unes, rejette les autres dans l'ombre. L'émergence d'un tel marché rassure : l'histoire des femmes a désormais pleinement droit de cité, et même si elle se limite encore trop souvent à quelques figures saillantes, des sujets hier pris en charge par une poignée de chercheuses ont désormais pignon sur rue et, intégrés à des collectifs, bénéficient de l'effet de masse.

## Effacées ?

Malgré leur utilité, palmarès et titres chocs induisent cependant de nouveaux schématismes : affirmer, par exemple, que « l'Histoire a effacé les femmes », c'est effacer pour le coup les (f)acteurs d'un processus aux multiples rouages, fait de normes plus ou moins formelles, de petits gestes. De la même manière, s'il est plus juste de dire les femmes « invisibilisées » plutôt qu'« invisibles », le participe cantonne l'agent à l'implicite, à la passivité. Certes, la place des femmes reste tributaire de logiques patriarcales. Mais loin d'être mécaniques et binaires, les rapports de force ont amené quelqu'un comme Dick May, et dans une moindre mesure Jeanne Proust, à s'adapter aux conditions sociales pour devenir autant que possible actrices de leur destin. Ces rapports de force se tissent en contexte, et c'est en contexte qu'il importe de les étudier, afin de dépasser le simple constat de l'ostracisme ou de l'effacement.

Dominées, ces deux-là ? Plus encore que Dick May, Jeanne Proust est une grande bourgeoise instruite à laquelle son union avec un médecin bien en cour confère un véritable standing au-delà de sa maisonnée. Riche, elle n'a pas besoin de travailler, contrairement à l'éternelle secrétaire générale ; toutefois Dick May, célibataire, s'avère plus libre que la mère de famille, mineure à vie même si elle tient les cordons de la bourse. Passée de « femme de » à « mère de », Jeanne Proust a trouvé dans ce statut stratifié une condition de visibilité, et l'assurance de l'immortalité. Que son père ait assumé l'une des plus hautes charges religieuses en territoire colonial à une époque où la France se voulait conquérante, que son frère ait été un des premiers « à concevoir la laïcité comme un objet historique[5] » n'a pas vraiment servi Dick May, quoi qu'on dise. Qui se souvient de Michel Aaron Weill, perdu malgré sa carrure intellectuelle au milieu d'homonymes ayant la même occupation – rabbins de plus ou moins d'envergure ou directeurs d'école ? Qui, à part quelques spécialistes, pourrait citer un titre de Georges Weill ?

Juive mariée à un chrétien, Jeanne Proust n'a pas donné à son dreyfusisme l'expression publique qu'a pu lui offrir Dick May. Nul doute que l'antisémitisme, couplé à la misogynie et à l'antiféminisme, ait contrarié leurs existences ; moins exposée que Dick May, Jeanne Proust a dû cependant en souffrir. Les assignations à la judéité ont suivi, pour ces deux figures, une dynamique inverse : Dick May, fille d'un rabbin au service de la France, sans cesse ramenée par les polémistes à ses origines confessionnelles durant sa carrière, incarne aujourd'hui la militante laïque aux yeux de ceux qui s'y intéressent. La religion de Jeanne Proust, encore plus « assimilée » qu'elle, a été revalorisée à mesure que les origines juives de son fils romancier apparaissaient comme une particularité expliquant sa sensibilité. Cela, dans les milieux savants, et progressivement au-delà[6]. Quand le tombeau familial des Proust est profané début novembre 1978, pourtant, la piste antisémite n'est étrangement[7] pas invoquée : « les policiers de la brigade criminelle, chargés de l'enquête, n'ont relevé aucun indice leur permettant de remonter au responsable de cet acte aussi gratuit que dérisoire », imprime *France-Soir*. Le rédacteur poursuit, béat : « Qui a bien pu faire exploser une sorte de bombe incendiaire de faible puissance qui a déplacé très légèrement la dalle, répandant une poudre rouge sur le socle ? Jusqu'à preuve du contraire, l'auteur d'"À la recherche du temps perdu" [...] ne compte que de fervents admirateurs[8]. » Le dossier de concession précise : « Il est difficile de préciser la date de cet incident, aucune détonation n'ayant été entendue[9]. » Un silence si assourdissant qu'on lit un peu partout que la tombe a été refaite en 1957 après un attentat visant une sépulture voisine... Contre l'antisémitisme qui avait déjà pris son père pour cible, Dick May a fait face dans l'action. N'en déduisons pas trop vite que le choix d'un pseudonyme, la création de l'École de journalisme, ou bien d'autres de ses initiatives y soient une réaction. Comme Marcel Proust, Dick May a fréquenté des antisémites[10]. L'antisémitisme lui a en outre offert une visibilité médiatique plutôt qu'il n'a contribué à son effacement, même si ce qu'on appellerait aujourd'hui le *bashing* lui a porté ombrage.

## Extraordinaire ou médiocre ?

Ce sont ces logiques, difficiles à saisir, que j'ai cherché à décrire, sans que la relative identification évoquée dans le chapitre « Identités » vire à l'idolâtrie, cette maladie infantile des études littéraires. Tenir la trajectoire de Dick May pour extraordinaire (ce qu'elle fut, à plus d'un titre, et sans conteste sur le plan statistique), c'est la cantonner à l'excentricité que lui prêtaient ses détracteurs. La rhétorique de l'admiration et celle de l'exécration se montrent en effet singulièrement poreuses : écrire sans malice que Dick May « règne [...] en organisatrice occulte[11] » du Collège libre des sciences sociales, ou qu'elle est une femme d'« influence[12] », c'est faire résonner malgré soi le discours de ses détracteurs. Ériger Dick May en modèle, c'est pécher par anachronisme, et amplifier les données dont nous disposons. Sur son engagement dreyfusard, sa participation aux Universités populaires, ses négociations pour le comte de Chambrun, ses liens avec la Sorbonne, l'efficacité de son action sur les milieux gouvernementaux, il existe en effet peu de sources. Tout à la fois femme, juive, intellectuelle, et bien plus encore, Dick May mérite mieux que d'être réduite à des types.

D'aucuns prétendront que, journaliste et romancière, elle ne brille pas par son style, raison pour laquelle son œuvre fictionnelle n'aurait pas survécu. N'est pas Marcel Proust qui veut. À bien y regarder, pourtant, peu de choses séparent les écrits du jeune Proust de certaines nouvelles de Dick May, d'ailleurs publiées dans les mêmes périodiques. Qui sait si le génie de Marcel Proust se serait ainsi déployé s'il avait eu à se soucier du pain quotidien, si sa production avait été conditionnée par les impératifs qui pesaient sur les écrivaines et les obstacles qui les entravaient : difficulté d'accès à une instruction égalitaire ou aux métiers intellectuels, négation de l'*agency* et imputation de l'œuvre d'une femme à un homme, minoration de la qualité du travail, marginalisation, conditions sociales forçant à « se masculiniser[13] », etc. Pour jauger la qualité de la production de Dick May – proses légères, romans par épisodes, littérature à thèse mettant en scène des protagonistes féminines –, il faudrait pouvoir la comparer à celle de ses consœurs, ainsi qu'à celle de ses contemporains mâles : tâche impossible, car il s'agirait de prendre connaissance d'une nappe immense d'écrits, la plupart ensevelis. Au demeurant, combien d'écrivains à thèse de la Belle Époque restent dans les mémoires ? Paul Bourget – qui se réclamait de la littérature à idées, reléguant la littérature à thèse au bord politique opposé – y survit moins par la qualité de sa plume que du fait des polémiques qui ont entouré son œuvre, en particulier *Le Disciple*. Comme Dick May, il était passé par *La Vie parisienne* ; *De l'intelligence* de Taine avait fourni à chacun une matrice romanesque, mais il avait pour lui d'être un homme, catholique et conservateur… Finalement, si l'on s'obstine à faire de la « qualité » un critère, la correspondance de Dick May, variée et alerte, nous en apprend plus sur la vie intellectuelle et sociale au tournant du siècle que celle de Marcel Proust, objet d'attention essentiellement parce que Proust est devenu un maître écrivain… Sans cela, ses « lettres à sa mère », et sans doute sa mère elle-même, nous seraient inconnues. Mais, à tout envisager au prisme de la valeur (historique, esthétique, morale – toujours relatives), on méconnaît le prix de l'ordinaire. Dans ce qu'elle laisse percer des agacements, des ambivalences, des mesquineries et des stratégies, la correspondance de Dick May forme le principal rempart à son idéalisation. S'y donnent à voir, sous les codes épistolaires, les défaillances et les désillusions d'une travailleuse forcenée, bien seule au sein de l'immense réseau qu'elle avait construit.

Rapprocher Dick May et Jeanne Proust ne limite pas seulement la tentation hagiographique ; la mise au jour d'habitudes et d'appétences communes – qui relèvent autant du genre que de la classe sociale – restitue un fragment de leur quotidien de femmes : une famille à charge, le personnel qu'il faut tenir, des obligations mondaines, la fatigue du corps, quelques bleus à l'âme. Bien qu'il déroule un récit, le présent ouvrage n'est pas conçu comme une biographie croisée. Le matériau biographique, organisé en chapitres thématiques plutôt que chronologiques, y soutient une réflexion critique. Cette dernière s'articule autour des questions que je me suis posées en tant que chercheuse : peut-on juger de la beauté d'un personnage historique ? Ne vaut-il pas mieux se demander en quoi la beauté prêtée à Jeanne Weil-Proust et la laideur attribuée à Jeanne Weill-Dick May ont en partie déterminé leurs réputations respectives et l'image qu'on a conservée d'elles ? Pourquoi, au Collège de France, un public mondain rehausse-t-il le crédit d'un professeur, alors qu'il semble discréditer l'organisatrice de l'École des hautes études sociales ? Bien des interrogations n'ont trouvé, faute de sources, que des conjectures pour réponses. Ne dissimulant ni les incertitudes ni les lacunes, j'ai tâché de convertir la frustration en aiguillon. Les archives, la presse, la correspondance, les témoignages mobilisés visent à reconstituer les dispositions, les aspirations, le milieu et les sociabilités des deux Jeanne Weil(l), sans prendre pour argent comptant le discours qu'elles portent sur elles-mêmes. Si quelques clins d'œil, bons mots ou citations ornementales agrémentent le propos, je me suis interdit d'émailler ma prose de détails imaginés. La vie des deux Jeanne Weil(l) n'est pas un roman. Les fragments d'autobiographie qui ponctuent le texte contribuent à documenter les motivations de l'enquête, sans verser – je l'espère – dans la mise en scène narcissique.

## Ombre et lumière

Interpellée depuis longtemps par les enjeux de la nomination, je suis partie de l'homonymie entre Jeanne Weil et Jeanne Weill, deux contemporaines ayant renoncé à leur patronyme, pour prouver que la première avait en quelque sorte volé la vedette à la seconde. Un faisceau d'arguments alimentaient cette thèse : Jeanne Proust a vu son étoile monter depuis que la Canadienne Kate Taylor l'a parée de nouveaux atours romanesques, et qu'Évelyne Bloch-Dano lui a consacré une biographie traduite en plusieurs langues et primée à diverses reprises[14]. Au musée d'Art et d'Histoire du judaïsme, on peut se procurer, depuis l'exposition « Marcel Proust. Du côté de la mère » (2022), son portrait au format carte postale. Il m'a accompagnée durant l'écriture du présent livre, mes finances ne me permettant pas d'acquérir des clichés originaux mis aux enchères à prix d'or[15]. La prise du 5 décembre 1904 a été estimée entre 1 200 et 3 500 euros, inflation qui dit sa place sur le marché des biens rares. Une des lettres (non signée !) de Jeanne Proust à Marcel s'est arrachée pour 8 750 euros[16]. Plusieurs de ses portraits photographiques figurent dans les catalogues de vente, et le site de Sotheby's a proposé une « touchante relique[17] » : une partition du *Songe d'une nuit d'été* reliée en toile chagrinée verte, au chiffre de

Jeanne. Catherine Salviat, sociétaire honoraire de la Comédie-Française, prête sa voix à Jeanne Proust dans la version audio de la correspondance[18]. Voilà la mère sacralisée et fétichisée au même titre que son fils, rétrospectivement, grâce à lui. Par un renversement du rapport causal tout à fait talmudique, Jeanne Proust est née de son fils. Tout ce qu'elle a touché s'est converti en or.

Aucune photo de Dick May ne circule en revanche ; et la seule lettre d'elle en vente dort sur eBay depuis des années[19]. Même ses descendants n'ont rien conservé d'elle, à part le médaillon récemment tiré d'un carton et quelques ouvrages dédicacés aux proches… Ces dernières années, Dick May est certes de plus en plus mentionnée par les chercheurs en sciences sociales, mais cette tardive reconnaissance n'induit une connaissance de ses travaux qu'à de très rares exceptions. Apparemment contemporaines, Jeanne Proust et Dick May n'appartiennent en fait pas à la même séquence. Née et élevée sous ce Second Empire où s'est consolidée la fortune de sa famille paternelle, décédée en 1905, Jeanne Proust a vécu le conflit franco-prussien dans sa chair, mais pas la « guerre totale » de 14-18 et ses conséquences. Dick May, dix ans plus jeune, s'avère plus proche en termes générationnels de Marcel Proust que de sa mère… Quand cette dernière n'avait qu'une aura mondaine d'épouse et de mère, Dick May imposait jusqu'à l'étranger les initiatives sociales qu'elle avait prises pendant trente ans. Figure médiatique, cette ancienne journaliste rompue aux techniques de communication, cette intellectuelle, n'en était pas pour autant légitime sur le plan savant, ce qui la cantonnait à une sphère para-universitaire suspecte de mondanité. Dans le milieu académique, parmi ses « pairs », Dick May avait, de façon sans doute imméritée, mauvaise réputation, tandis que les réceptions de Madame Proust charmaient le beau monde. Si les écoles fondées par Dick May lui ont survécu, elle en a progressivement été détachée. Ni la plaque récemment érigée à sa mémoire ni les récompenses et événements portant désormais son nom – en partie tributaires de stratégies qui lui sont étrangères – ne suffiront à donner la pleine mesure de ce qu'elle a réalisé. N'y suffiront pas même, je le crains, les livres qui lui ont été consacrés ; celui qui s'achève apportera sa pierre à un édifice bibliographique encore incomplet. Le lecteur qui trouvera sur sa route cette pierre descellée ne verra, hélas, pas rejaillir la vie de Jeanne Weill, écrasée par la personnalité publique qu'elle s'est créée avec son nom de plume.

Gageons que les correspondances restées en sommeil, les archives qui émergeront colmateront certaines brèches. Pourvu qu'elles alimentent également le dossier Jeanne Proust ! Car, prisonnière des relations avec son fils et des relations qu'il nous a laissées sur elle (de manière directe ou au prisme des fictions), elle est plus « parlée » qu'elle ne se raconte. S'agissant de Jeanne Proust, la part d'intimité que l'on devine tient dans un mouchoir de poche. En dentelle de Valenciennes, bien entendu…

Partie sur les traces de Jeanne Weill-Dick May, j'ai cru que Jeanne Weil-Proust me servirait de contrepoint pour montrer que l'héritage de la première, restée sans enfant, s'était perdu, alors que la seconde s'était assuré une postérité en donnant naissance à un écrivain hors pair, dont la mémoire avait été entretenue par son second fils et ses descendants. Mais sous le mythe (la grande bourgeoise, la mère protectrice et tyrannique, la discrète) et les gloses (littéraires ou psychanalytiques), que reste-t-il de la personnalité de Jeanne Proust, de ses choix et de ses aspirations ? Le peu de sources historiques disponibles à son propos contraint à l'étudier à distance. Mon postulat initial vacille : on en sait finalement beaucoup plus sur Dick May que sur Madame

Proust. Reste à espérer, avec le Narrateur du *Temps retrouvé* : souvent, « on a frappé à toutes les portes qui ne donnent sur rien, et la seule par où on peut entrer et qu'on aurait cherchée en vain pendant cent ans, on y heurte sans le savoir, et elle s'ouvre[20] ». Le dieu de la recherche – avec ou sans majuscule, avec ou sans italique – veille.

ANNEXE

# Arbre généalogique des Weil/Weill

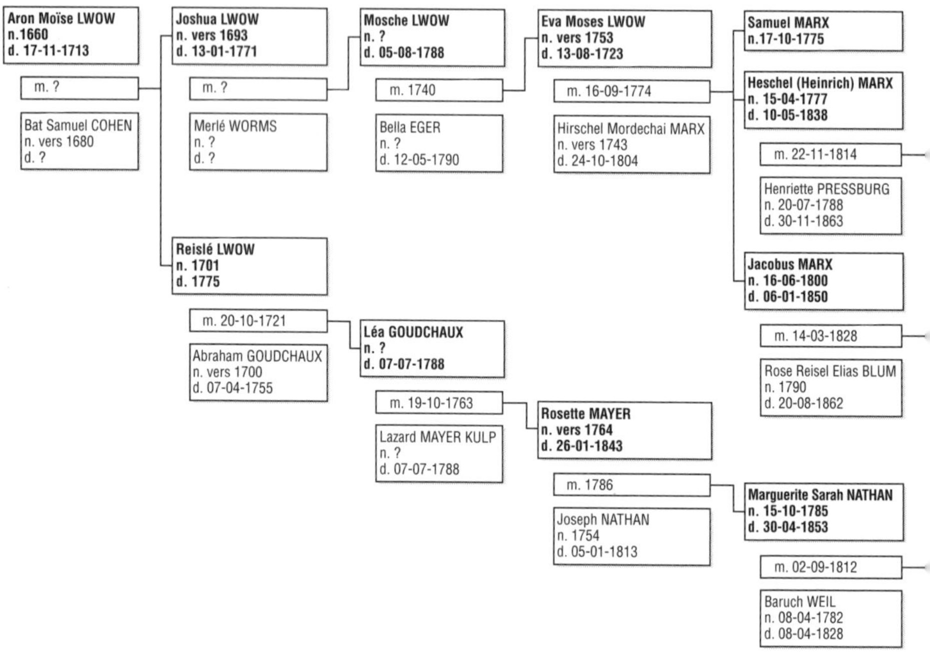


n. : naissance ; d. : décès ; m. : mariage. La graphie des noms peut varier selon les sources.

- **Karl Heinrich MARX**
  **n. 05-05-1818**
  **d. 14-03-1883**
- **Ève Henriette MARX**
  **n. 09-10-1826**
  **d. 02-08-1919**
  - m. 16-11-1847
  - Michel Aaron WEILL
    n. 19-07-1814
    d. 06-01-1889
  - **David Édouard WEILL**
    **n. 06-11-1848**
    **d. 18-01-1937**
    - m. 27-10-1879
    - Hortense Sara OTTERBOURG
      n. 23-06-1857
      d. 31-01-1895
  - **Bella Berthe WEILL**
    **n. 06-06-1853**
    **d. 29-01-1946**
  - **Rosalie Jeanne WEILL**
    **dite Dick MAY**
    **n. 05-08-1859**
    **d. 14-08-1925**
  - **Jacques Georges WEILL**
    **n. 06-07-1865**
    **d. 14-04-1944**
    - m. 20-06-1899
    - Marie Renée COHN
      n. 05-07-1878
      d. 22-10-1977
    - **Marguerite WEILL**
      **n. 23-04-1900**
      **d. 12-02-1994**
      - m. 26-07-1926
      - Louis André ROCHER
        n. 23-12-1885
        d. 11-02-1960
      - **Jean-Louis ROCHER**
        **n. 06-10-1927**
        **d. 06-10-2018**
      - **Micheline ROCHER**
        **n. 03-05-1929**
      - **Daniel ROCHER**
        **n. 03-05-1929**
        **d. 16-06-2023**
    - **[sans nom] WEILL**
      **n. 30-03-1901**
      **d. 30-03-1901**
    - **Suzanne WEILL**
      **n. 09-01-1903**
      **d. 21-06-2009**
      - m. 14-02-1928
      - Maurice Jean BARTHES
        n. 03-03-1901
        d. 14-08-1983
- **Rachel MARX**
  **n. 21-06-1831**
  **d. ?**
  - m. 27-12-1852
  - Isaac GUGENHEIM
    n. 29-09-1821
    d. ?
- **Nathé Baruch WEIL**
  **n. 19-04-1814**
  **d. 30-06-1896**
  - m. 06-12-1845
  - Adèle BERNCASTEL
    n. 05-02-1824
    d. 02-01-1890
  - **Georges Denis WEIL**
    **n. 26-10-1847**
    **d. 23-08-1906**
    - m. 20-04-1891
    - Amélie OULMAN
      n. 27-01-1853
      d. 22-01-1920
    - **Adèle WEIL**
      **n. 03-03-1892**
      **d. 05-12-1944**
  - **Jeanne Clémence WEIL**
    **n. 21-04-1849**
    **d. 26-09-1905**
    - m. 03-09-1870
    - Adrien Achille PROUST
      n. 18-03-1834
      d. 26-11-1903
    - **Marcel PROUST**
      **n. 10-07-1871**
      **d. 18-11-1922**
    - **Robert PROUST**
      **n. 24-05-1873**
      **d. 29-05-1935**
      - m. 31-01-1903
      - Marthe DUBOIS-AMIOT
        n. 23-01-1878
        d. 20-01-1953
      - **Adrienne, dite Suzy, PROUST**
        **épouse MANTE**
        **n. 25-11-1903**
        **d. 22-02-1986**
- **Lazard (Louis) WEIL**
  **n. 16-11-1816**
  **d. 10-05-1896**

# NOTES

## Préambule

1. Évelyne Bloch-Dano, *Madame Proust*, Paris, Grasset & Fasquelle, 2004, réédition Le Livre de Poche, 2006.

2. *Id.*, *Une jeunesse de Marcel Proust. Enquête sur le questionnaire*, Paris, Stock, 2017, p. 25. Réédition Le Livre de Poche, 2019.

3. *Madame Proust* (*op. cit.*), d'É. Bloch-Dano, constitue la biographie de référence pour Jeanne Weil ; l'ouvrage de Mélanie Fabre *Dick May. Une femme à l'avant-garde d'un nouveau siècle : 1859-1925* (Rennes, Presses universitaires de Rennes, 2019), son équivalent savant pour Jeanne Weill.

## Pierres

1. Cette loi interdit de circonscrire matériellement, au sein des cimetières, un espace confessionnel. Les anciens enclos ne sont pas détruits, mais on ne peut les élargir.

2. Pour mieux la distinguer de Jeanne Weil épouse Proust, c'est sous le pseudonyme de Dick May, où elle-même se reconnaissait, que je désignerai le plus souvent Jeanne Weill. Par commodité, indépendamment de la date, du format et de la signature, « lettre de Dick May à… » renverra à la correspondance de Jeanne Weill-Dick May et « lettre de Jeanne Proust à… » à celle de Jeanne Weil-Proust, quoique l'édition de Philip Kolb sur laquelle je m'appuie préfère « Madame Proust » (Marcel Proust, *Correspondance*, texte établi, présenté et annoté par Philip Kolb, Paris, Plon, 1970-1993, 21 t.). Dans le présent ouvrage, l'orthographe, la ponctuation et la présentation des lettres citées ont été ponctuellement modernisées.

3. Outre É. Bloch-Dano, *Madame Proust*, *op. cit.*, il faut mentionner Claude Francis et Fernande Gontier, *Marcel Proust et les siens, suivi des souvenirs de Suzy Mante-Proust*, Paris, Plon, 1981, et Michel Schneider, *Maman*, Paris, Gallimard, « Folio », 2005 [1999 dans la collection « L'un et l'autre », chez le même éditeur]. Voir aussi Daniel Fabre, « Marcel Proust en mal de mère. Une fiction du créateur », *Gradhiva. Revue d'anthropologie et d'histoire des arts*, n° 20, 2014, p. 48-83.

4. Jeanne Proust, *Souvenirs de lecture*, édition de Luc Fraisse avec la collaboration de Laurent Angard, préface de Marc Lambron, Paris, Éditions de Fallois, 2020.

5. Contrairement à celle des Proust, sur laquelle s'ouvre le roman de Kate Taylor *Madame Proust and the Kosher Kitchen* (Toronto, Doubleday, 2003). Dans *Proust est une fiction* (Paris, Seuil, 2013), François Bon fantasme quant à lui la capacité du Père-Lachaise à réunir les grands esprits – ceux de Proust et Baudelaire, notamment.

6. Georges Weill, « Quelques mots sur ma famille et sur ma vie », 16 mars 1938, retranscription d'un document manuscrit photocopié.

## Clichés

1. Anaïs Beauvais (1832-1898), *Madame Adrien Proust*, vers 1880, huile sur toile, 78 x 65,5 cm, Illiers-Combray, Maison de tante Léonie-musée Marcel Proust.

2. Évelyne Bloch-Dano et Oriane Beaufils, *Jeanne Proust & Anaïs Beauvais. Deux femmes, un portrait*, Illiers-Combray, Société des amis de Marcel Proust et des amis de Combray, 2021, https://www.amisdeproust.fr/images/feuilletage/brochure-Jeanne-Weil/mobile/index.html. Le portrait de Jeanne Proust par Anaïs Beauvais a été donné à l'association par Suzy Mante-Proust en 1971.

3. Photos de l'équipe du musée Carnavalet, relayées par la Société des amis de Marcel Proust et des amis de Combray sur son site, https://www.amisdeproust.fr/fr/?id=97

4. Voir Éric Fournier, *La « Belle Juive » d'*Ivanhoé *à la Shoah*, Seyssel, Champ Vallon, 2011. Voir aussi n. 20, p. 203.

5. Voir par exemple Charles Landelle, *La Juive de Tanger*, après 1866, huile sur toile, musée des Beaux-Arts de Reims.

6. Tweet @museecarnavalet de la Société des amis de Marcel Proust (@AmisDeProust), 11 juillet 2020, 6 : 23 PM, https://twitter.com/AmisDeProust/status/1281987523783405576?t=DT6w7OCtRiaWX38vdAq3gw&s=19

7. Proust a pu connaître Robert Dreyfus (1873-1939) dès le cours Pape-Carpantier ; condisciples au lycée Condorcet (Robert Dreyfus figure avec Robert Proust sur la photographie de la classe de philosophie en 1890), voisins – R. Dreyfus vivait, comme un temps les Proust, boulevard Malesherbes avec sa mère et son frère Henri –, ils restèrent proches.

8. Robert Dreyfus, *De Monsieur Thiers à Marcel Proust*, Paris, Plon, 1939, p. 65.

9. L'École des hautes études sociales compte différentes sections dont l'appellation évolue : École de journalisme [et de préparation à la vie publique], École de morale [et de pédagogie/de pédagogie et de philosophie], École sociale, École d'art, etc. De 1901 à 1906, l'École des hautes études sociales abrite également une École russe où les cours sont dispensés en deux langues. Entre 1917 et 1924, l'École des hautes études sociales est rebaptisée École interalliée des hautes études sociales.

10. R. Dreyfus, *De Monsieur Thiers à Marcel Proust*, *op. cit.*, p. 65.

11. Antoine Compagnon, « Proust sioniste », en ligne sur le site du Collège de France pendant la pandémie. Cette enquête a abouti au volume *Proust du côté juif*, Paris, Gallimard, « Bibliothèque illustrée des histoires », 2022.

12. Romain Rolland, extrait de la quatrième partie inédite des *Mémoires* [1901-1914], année 1902-1903, Bibliothèque nationale de France [BnF],

département des manuscrits, fonds Romain Rolland, copie dactylographiée, p. 35-36. Que ce texte ait été rédigé en 1943, « sous l'occupation allemande » comme le note l'auteur, n'empêche pas les allusions antisémites.

13. Martina Avanza, « Comment faire de l'ethnographie quand on n'aime pas "ses indigènes" ? Une enquête au sein d'un mouvement xénophobe », *in* Alban Bensa et Didier Fassin (dir.), *Les Politiques de l'enquête*, Paris, La Découverte, 2008, p. 43.

14. Henri La Fontaine, « Léonie La Fontaine en compagnie de Dick May et de Mme Weill, mère de Dick May », photographie sur verre, s. d., Mundaneum de Mons, Centre d'archives de la Fédération Wallonie-Bruxelles, HLF 2-88.

15. Lettre de Marie Bonnet à Anna Geddes, 17 mai 1909, National Library of Scotland, Ms. 10580, f. 141.

16. Lettre de Marie-Louise Puech à son mari Jules, 15 novembre [1915], *in* Marie-Louise et Jules Puech, *Saleté de guerre ! Correspondance 1915-1916*, présentée par Rémy Cazals, Maisons-Laffitte, Ampelos, 2015, p. 185.

17. Pierre Birnbaum, *Les Fous de la République. Histoire politique des Juifs d'État, de Gambetta à Vichy*, Paris, Fayard, 1992.

18. Gérard Noiriel, « Le jugement des pairs. La soutenance de thèse au tournant du siècle », *Genèses*, n° 5, 1991, p. 143.

19. Yves-Michel Ergal, *Sodome et Gomorrhe. L'écriture de l'innommable*, Paris, Éditions du Temps, 2000, p. 74.

20. Notice du *Portrait de Marcel Proust* par Jacques-Émile Blanche, 1892, huile sur toile, en ligne sur le site du musée d'Orsay.

21. Jean-Pierre Sirois-Trahan, « Un spectre passa… Marcel Proust retrouvé », *Revue d'études proustiennes*, n° 4, 2016/2, p. 19. Dans *La Comtesse Greffulhe. L'ombre des Guermantes* (Paris, Flammarion, 2014, p. 78), Laure Hillerin avait déjà supposé que la silhouette qui apparaissait au mariage du duc de Guiche appartenait à Marcel Proust.

22. Serge Doubrovsky, *Un homme de passage*, Paris, Grasset, 2011, p. 334.

23. Jeanne Proust, née Weil, tirage de travail de Paul Nadar, 5 décembre 1904, BnF.

24. Lettre de Marcel Proust à son frère Robert, octobre 1914, citée dans une annexe à C. Francis et F. Gontier, *Marcel Proust et les siens…*, *op. cit.*, p. 231.

25. Lettre de Dick May à Gabriel Tarde, Londres, 30 juin [1899], Centre d'histoire de Sciences Po [CHSP], GTA 95. Toutes les lettres de Dick May à Gabriel Tarde que nous citerons désormais sont extraites de ce carton.

26. Adolphe Brisson les dit « crêpelés » dans « Promenades et visites. L'ÉCOLE DE JOURNALISME », *Le Temps*, 3 novembre 1899, p. 2.

27. Georges Renard, *Mémoires* inédits, Bibliothèque historique de la Ville de Paris [BHVP], Ms. 2487-2, f. 330 et Ms. 2488-2, f. 150.

28. Voir par exemple Noëlle Benhamou, « La fille et le cupide : stéréotypes antisémites dans l'œuvre de Maupassant », *in* Marie-Anne Matard-Bonucci (dir.), *Antisémythes. L'image des juifs entre culture et politique, 1848-1939*, préface de Pierre Birnbaum, Paris, Nouveau Monde, 2005, p. 344.

29. Lettre de Dick May à Louise Renard, 9 juillet 1894, BHVP, fonds Georges Renard, Ms. 2612, f. 456-457. Toute la correspondance entre Dick May et le couple Renard désormais citée renvoie à cette cote. Dans la pièce de William Shakespeare *Le Marchand de Venise*, Shylock est un usurier juif prêt à ôter une livre de chair à son débiteur ruiné. Ce personnage cristallise les haines antisémites pendant plusieurs siècles.

30. Lettre de Dick May à Louise Renard, 29 décembre 1900, f. 556.

31. Sauf mention contraire, les références à la correspondance de Proust seront tirées de Marcel Proust, *Correspondance*, texte établi, présenté et annoté par Philip Kolb, *op. cit.* Ici, voir les lettres de Jeanne Proust à son fils Marcel datées d'« Auteuil, jeudi matin [21 août ? 1890] » (*in* t. I, p. 154) et d'« Auteuil, vendredi midi [22 août 1890] » (dans *ibid.*, p. 156). Les proches de Jeanne Proust exagèrent peut-être l'enthousiasme que suscitent ses photographies pour lui mettre du baume au cœur, alors qu'elle peine à surmonter le décès de sa mère.

32. « La Sorbonne. Cours de M. le doyen Croiset », impression photomécanique montée sur carte postale noir et blanc, 8,8 x 13,9 cm, Bibliothèque interuniversitaire de la Sorbonne, cote RBA 3 = 163-1 pièce 85, en ligne sur NuBIS : ark :/15733/s0k

33. Courriel de Patrick Dombrowsky à Sarah Al-Matary, 7 décembre 2021.

34. Christian Péchenard, *Proust et son père* [1993] , in *Proust et les autres*, Paris, La Table Ronde, « La petite vermillon », 1999, p. 386.

35. Lettre de Marcel Proust à Mme Catusse, « [Versailles, peu après le 26 octobre 1906] », *Correspondance*, *op. cit.*, t. VI, p. 262.

36. Céleste Albaret, *Monsieur Proust*, Paris, Robert Laffont, 2014 [1973], p. 179.

37. Manuel Charpy, « La bourgeoisie en portrait. Albums familiaux de photographies des années 1860-1914 », *Revue d'histoire du XIXe siècle*, n° 34, 2007, en ligne.

38. « Proust et la photographie. Examen d'un fonds d'archives photographiques mal connu [les photographies par Paul Nadar d'individus ayant inspiré des personnages de la *Recherche*]. Séminaire du Collège de France (1980) », *in* Roland Barthes, *Marcel Proust. Mélanges*, édition établie et annotée par Bernard Comment, Paris, Seuil/INA, 2020, p. 167 *sq.*

39. Anne-Marie Bernard, *Le Monde de Proust, photographies de Paul Nadar*, Paris, Direction des musées de France, 1978, rééd. CNMHS, 1991, Éditions du Patrimoine, 1999 et 2003.

40. Promotion de 1883 (section des lettres) photographiée par Pierre Petit (19,5 x 25,5 cm, 30 x 48 cm), Bibliothèque Ulm-LSH, fonds photographique, PHO D/1/1/36.

41. Cette photographie transmise par les descendants de Georges Weill accompagne la notice « WEILL Jacques, Georges » que j'ai rédigée pour *Le Maitron* en 2020 (en ligne sur https://maitron.fr/spip.php?article225428).

42. Lettre de Dick May à André Antoine, 8 novembre 1911, BnF, département des arts du spectacle, 4-COL-113-5084. Toutes les lettres de Dick May à André Antoine sont conservées sous cette cote.

43. Fiche collection, notice Laruelle (René), BnF, Comité d'histoire, en ligne sur http://comitehistoire.bnf.fr/dictionnaire-fonds/laruelle-ren%C3%A9

44. *Ève*, 30 août 1925. Je n'ai pu consulter qu'une coupure de ce numéro rare.

45. Collection Laruelle, t. 198, *Portraits de femmes. Juives*, BnF, département des estampes et des photographies, NE-63 (199)-FOL, p. 71.

## Un nom à soi

1. Paul Lévy, *Les Noms des israélites en France. Histoire et dictionnaire*, Paris, PUF, 1960, p. 203. Sous ses différentes graphies, Weil(l) fait partie des patronymes juifs ayant « une valeur spécifiquement alsacienne » qui domineront en France au XIXe siècle (p. 62).

2. Il compte déjà parmi les cinq noms les plus répandus en 1808, lorsqu'un décret impose aux Juifs de fixer leur nom (André Aaron Fraenckel, « Une étude sur les noms de famille des juifs d'Alsace », in *Mémoire juive en Alsace. Contrats de mariage au XVIII^e siècle*, Strasbourg, Éditions du Cédrat, 1997, p. XXI : « Parmi ceux qui possèdent déjà, en 1784, un nom de famille, [...] [les] Weyl ou Weill [...] représentent 13 p. 100 »).

3. Georges Massoutié, *Les Noms juifs*, Mâcon, Protat frères, 1917, p. 12.

4. Cyril Grange, « Choix du prénom et acculturation : l'exemple de la bourgeoisie juive parisienne. 1800-1920 », *Annales de démographie historique*, n° 131, 2016/1, annexe 3a, « Prénoms de la bourgeoisie juive parisienne. Classement des dix premiers prénoms masculins par ordre de fréquence », p. 92-93, et 3b, « Prénoms de la bourgeoisie juive parisienne. Classement des dix premiers prénoms féminins par ordre de fréquence », p. 94. En 1850-1859, on recense 5,5 % de Jeanne dans l'échantillon étudié ; elles sont 9 % dans la décennie suivante. Pas de Clémence dans ce classement, quelle que soit la période envisagée ; en revanche « Rosalie », l'autre prénom de Dick May, est en vogue dès la décennie 1820-1829 (on le trouve en 2^e place, avec 8,3 % ; il passe tout au bas du classement dans la décennie suivante, avec 2,5 %, avant de disparaître de la liste). Quant à Georges, absent du tableau pour la décennie 1840-1849, il grimpe vite dans le classement des dix prénoms masculins les plus donnés dans l'échantillon (3^e place avec 4,1 % en 1850-1859, 2^e place en 1860-1869 avec 4,5 % ; 1^re place en 1870-1879 avec 6,4 %). Georges Weil est né en 1847 ; le frère de Dick May en 1865. Enquête fondée sur les prénoms des mariés de la synagogue parisienne située rue de la Victoire : il existe évidemment un décalage entre les prénoms donnés à la naissance et le moment du mariage où ils sont enregistrés.

5. Jeanne Weill, épouse Nivat (mathématiques, 1897). Voir : « Les agrégés de l'enseignement secondaire. Répertoire 1809-1960 », base de données en ligne sur le site de l'UMR 5190 LARHRA, « Ressources numériques en histoire de l'éducation ».

6. Robert de Montesquiou, « Purgonde », BnF, département des manuscrits, NAF 15257, f. 166.

7. Post-scriptum d'une lettre de Marcel Proust à François de Pâris, « [première quinzaine de juillet 1903] », *Correspondance*, *op. cit.*, t. X, p. 397 : « Prière de ne pas m'appeler *Proust* quand vous parlez de moi. Quand on a un nom si peu harmonieux on se réfugie dans son prénom. »

8. Yvonne Verdier, *Façons de dire, façons de faire. La laveuse, la couturière, la cuisinière*, Paris, Gallimard, « NRF », 1979, p. 188.

9. G. Renard, *Mémoires* inédits, *op. cit.*, Ms. 2488-2, f. 150.

10. Henri Dreyfus dit Fursy, « L'expulsion des congrégations », chantée sur l'air du « Pendu » : « Dans le *ghetto*, impasse enclose, on mit les Weil et les Lévy » (*Essais rosses d'histoire contemporaine*, avec un prologue de l'auteur, Paris, Ollendorff, 1905, p. 31). Dick May devait connaître Fursy, qui avait racheté en 1897 le cabaret du *Chat noir* situé dans la rue où elle habite.

11. *Archives israélites de France*, 5 avril 1900, p. 111 ; *La Libre Parole*, 6 avril 1900, p. 3.

12. Rivarol, « Échos. À propos des Hautes Études Sociales », *L'Action française*, 23 décembre 1908, p. 1. À partir de cette date, « Zélie Weil » ou « Zélie Weill », pour désigner Dick May, deviennent dans le journal un emblème de la judéité. La récurrence de ces mentions, leur place en une et la « qualité » de certaines plumes qui les évoquent (Charles Maurras *alias* Criton, Léon

Daudet) disent assez leur importance dans la rhétorique antisémite et anti-intellectualiste du journal.

13. Pierre Lasserre figure au programme de La Coopération des idées à partir du 23 avril 1898. Il attaque Dick May, l'École des hautes études sociales et son personnel dans *La Doctrine officielle de l'Université. Critique du haut enseignement de l'État. Défense et théorie des humanités classiques*, Paris, Mercure de France, 1912, p. 27, 38 et 50. Dick May était déjà nommée dans *M. Alfred Croiset historien de la démocratie athénienne*, surtitré *La Science officielle* (Paris, Nouvelle Librairie nationale, s. d. [1909], p. 102), où l'on pouvait la reconnaître parmi « les Bélises juives » admiratrices du Doyen (p. 111). L'antonomase renvoie à une vieille fille des *Femmes savantes* de Molière.

14. « Entre eux ! », *Les Hommes du Jour*, 18 décembre 1909, s. p. [p. 7].

15. Dans *Présences féminines juives en France, XIXe-XXe siècles : cent itinéraires* (Pertuis, 2 M Éditions, 2002, p. 49), Michèle Bitton affirme que la mère de Dick May est Eugénie Weill, une des premières philanthropes juives à œuvrer au sein du Conseil national des femmes françaises. Mais elle corrige cette donnée à l'entrée « Dick May » de *110 femmes juives qui ont marqué la France. XIXe et XXe siècles. Dictionnaire*, préface d'Yvonne Knibiehler, Nantes, Éditions Normant, 2014, p. 416-420. Eugénie Weill, née Eugénie Maria Aron (1860-1941), a présidé la Section d'assistance et de prévoyance sociales du Conseil national des femmes dès sa création en 1901 ; elle a fondé l'Amicale des Petits en 1906, le « Bas de laine de l'Union des femmes de Paris » en 1914, des mutualités féminines, ainsi que trois ouvroirs pendant la Grande Guerre (dossier de Chevalier de la Légion d'honneur, AN, accessible en ligne sur la base Léonore, 19800035/274/36628).

16. La dreyfusarde Emmeline Weill-Raynal (1865-1944) a cofondé en mars 1900 L'Éducation sociale de Montmartre, Université populaire du 18e arrondissement. Elle a accompagné ensuite la fondation de la Société des logements hygiéniques à bon marché. Emmeline Weill-Raynal connaissait vraisemblablement Dick May, qui évoluait dans les mêmes milieux et avait les mêmes soutiens.

17. L'acte de naissance de Samuel-Edmond Bernard, frère cadet de Bernard Lazare, certifie qu'il a épousé Ida Henriette Marguerite May à Paris le 7 avril 1900 (Archives municipales de Nîmes, état civil, registre des naissances, 4 novembre 1868, acte n° 1513). Que Bernard Lazare ait prononcé le 16 décembre 1895 la toute première conférence au Collège libre des sciences sociales, sur l'« histoire des doctrines révolutionnaires » (il y traita essentiellement de la Révolution française), a pu alimenter la confusion.

18. Lettre de Dick May à Gabriel Tarde, 5 janvier 1899.

19. Lettre de Dick May à Louise Renard, 29 décembre 1900, f. 556.

20. Tapuscrit avec corrections à l'encre de « Une grande amie de Francisque Sarcey. Madame Jane Misme » par Clotilde Brière-Misme, sa fille ; daté du 31 mai 1957, Bibliothèque Marguerite-Durand, f. 87-88.

21. Dick May, *Le Comte de Chambrun, ses études politiques et littéraires*, par l'auteur de *La Comtesse Jeanne*, comptes rendus de la presse, avec une nouvelle introduction par Dick May, Paris, G. Chamerot, 1889 ; « Un pauvre », supplément littéraire du *Figaro*, 6 avril 1889, p. 54-55 ; « Petits fours », *La Vie parisienne*, 29 juin 1889, p. 354-358 ; « Le corset. La toilette à l'Exposition », supplément littéraire du *Figaro*, 27 juillet 1889, p. 110 ; « Pauvres gens ! », *L'Estafette*, 5 novembre 1889, p. 1-2 ; « Ma tante Maria », *Revue de famille*, 1er décembre 1889, p. 350-374 ; « Comédie de paravent », *L'Estafette*,

8 décembre 1889, p. 2-3 ; « Marrons glacés et marrons chauds », *L'Estafette*, 27 décembre 1889, p. 1-2.

22. Une lettre à Ernest Lavisse peut le laisser croire : « Je ne sais plus comment signer : mon grand ami m'avait dit de m'adresser à vous sous un nom ; je vois que depuis il vous en a donné un autre ; et je sais bien que cela n'est pas intéressant, mais quand même, dans ce qui est un peu baroque, j'aime autant dégager ma responsabilité » (Jeanne Weill à Ernest Lavisse, 2 janvier 1894, BnF, département des manuscrits, Papiers Lavisse, NAF 25169, f. 373). Toutes les lettres à Lavisse sont extraites de ce fonds.

23. Martine Reid, *Signer Sand. L'œuvre et le nom*, Paris, Belin, 2003, p. 12.

24. Cette hypothèse a été soufflée à Christophe Prochasson par Françoise Blum (« Dick May et le social », *in* Colette Chambelland (dir.), *Le Musée social en son temps*, préface de Pierre Rosanvallon, Presses de l'École normale supérieure, 1998, n. 2 p. 44).

25. Siân Reynolds, « Marie Bonnet and Jeanne Weill (aka Dick May). Two women from the Geddes French Circle before 1914 », *in* Walter Stephen (dir.), *Learning from the Lasses : Women of the Patrick Geddes Circle*, Luath Press Limited, 2014, p. 157.

26. Charlotte Mary Yonge, *La Chaîne de marguerites*, traduit de l'anglais par Mlle Rilliet de Constant, Paris, 1888, 2 t.

27. M. Reid, *Signer Sand…*, *op. cit.*, p. 93.

28. Dick May, *L'Alouette. Roman*, Paris, Éditions de la Revue blanche, 1898, envoi sur la page de faux-titre (« À Georges Weill, Dick May »), exemplaire en ma possession.

29. Ainsi Jean Starobinski dans « Stendhal pseudonyme », *L'Œil vivant* [1961], édition augmentée, Paris, Gallimard, « Tel », 1999, p. 234. Martine Reid a souligné que, pour une femme, le choix du pseudonyme manifeste en général « une contestation plus ou moins explicite de la famille et de tout ce qui s'impose à travers elle » (*Signer Sand…*, *op. cit.*, p. 49).



## La sainte famille

1. Lettre de Dick May à Georges Renard, 2 septembre 1892, f. 404-405.

2. Karl Marx, « Zur Judenfrage », *Deutsch-Französische Jahrbücher*, 1844 ; Karl Marx et Friedrich Engels, *Kritik der kritischen Kritik* devenu *Die heilige Familie*, février 1845.

3. Cité par Jane Misme, « À travers les nouvelles carrières féminines. Les sociologues », *Le Figaro*, 8 novembre 1898, p. 3.

4. Dick May, *L'Alouette*, *op. cit.*, p. 53-54. Le texte a initialement paru en épisodes, avec quelques modifications, sous le titre « La petite revue » dans *La Quinzaine* (16 janvier 1898, p. 164-202 ; 1er février 1898, p. 318-363 ; 16 février 1898, p. 477-507 ; 1er mars 1898, p. 57-81 ; 16 mars 1898, p. 210-226).

5. Lettre de Dick May à Lionel Dauriac, 5 juin 1897, Bibliothèque interuniversitaire de la Sorbonne, papiers Lionel Dauriac, MSVC 343, f. 931-932. Toutes les lettres à Dauriac sont extraites de ce fonds.

6. Consistoire général, séance du 7 octobre 1884, archives du consistoire central, cote 1B6.

7. Rapports quotidiens sur les élèves de l'École normale supérieure, « 35e semaine », « lundi 30 juin 1884 », AN, 61AJ/54, f. 245. La veille au soir, retour de week-end, l'élève Weil *[sic]* est arrivé à l'internat avec « 20 mn » de retard. Son « correspondant » – chaque normalien a un garant parisien –,

le grand rabbin de France Lazare Isidor, en a peut-être été prévenu (AN 61 AJ/12, f. 11).

8. Registre d'emprunts des élèves de l'École normale supérieure, année 1884-1885, archives de l'ENS de Paris, AB/33, f. 541 *sq.*

9. Lettre de Dick May à Lionel Dauriac déjà citée, 5 juin 1897, f. 931-932.

10. Impossible de savoir comment aurait alors réagi Michel Aaron Weill, qui fréquentait essentiellement des juifs, si l'on en croit le certificat de moralité qui valide sa nomination comme rabbin à Toul : « Il vit d'ailleurs très retiré et ne voit guère que des coreligionnaires [...] » (lettre du préfet de Meurthe-et-Moselle au ministre de l'Instruction publique et des Cultes, 18 décembre 1875, AN, F/19/11066).

11. Sa nécrologie nous apprend qu'il est « Michael » (L. W., « Nécrologie. – Samson Raphaël Hirsch ; Michel A. Weill ; Mme E. Durlacher », *L'Univers israélite*, 16 janvier 1889, p. 267-268). « Michael » est tantôt graphié avec un tréma sur le e, tantôt sans.

12. Lettre de Jeanne Proust à son fils Marcel, « [Salies-de-Béarn] Vendredi 13 [septembre 1889] », *Correspondance*, *op. cit.*, t. I, p. 132.

13. Lettre de Dick May à Louise Renard, 20 janvier 1894, f. 444-445.

14. Lettres de Dick May à Arvède Barine, 10 septembre 1889 et 15 novembre 1889, BnF, département des manuscrits, NAF 18349, respectivement f. 106 et f. 108.

15. Dick May, « Amour de tête », *Le Temps*, 13 février 1890, p. 1, et *id.*, « Dans la finance », *Le Temps*, 20-21 septembre 1890, p. 1.

16. Voir Marie-Ève Thérenty, « Le "plafond de verre" des femmes journalistes du XIXe siècle », *in* Christine Planté, Marie-Ève Thérenty et Isabelle Matamoros (dir.), *Féminin/Masculin dans la presse du XIXe siècle*, Lyon, Presses universitaires de Lyon, 2022, p. 337.

17. Lettre de Dick May à Henri La Fontaine, 28 novembre 1900, Mundaneum, HLF 059/1B/38. Toutes les lettres à Léonie et Henri La Fontaine sont conservées au Mundaneum de Mons en Belgique.

18. « Déclaration de succession concernant Michel Weill, expurgée des attendus pour avoir été débattue à huis clos, 14 juin 1889, 3e bureau », Archives de Paris, cote 11.466.

19. Voir Jean-Philippe Chaumont et Monique Lévy (dir.), *Dictionnaire biographique des rabbins et autres ministres du culte israélite. France et Algérie du Grand Sanhédrin (1807) à la loi de Séparation (1905)*, Paris, Berg international éditeurs, 2007, p. 753-754 : le secours s'élève à 500 francs par an jusqu'en 1875, de 200 à 400 francs jusqu'en 1888, puis de 300 à 500 francs après le décès de Michel Aaron Weill.

20. G. Weill, « Quelques mots sur ma famille et sur ma vie », *op. cit.*

21. Daniel Panzac, *Le Docteur Adrien Proust. Père méconnu, précurseur oublié*, Paris, L'Harmattan, 2003, p. 63.

22. Voir *ibid.*, p. 71-72, et É. Bloch-Dano, *Madame Proust*, *op. cit.*, p. 28.

23. *Ibid.*, p. 265-266.

24. Pierre Albertini, « Note critique » sur le livre de Christophe Charle *Les Élites de la République, 1880-1900*, Paris, Fayard, 1987, dans *Histoire de l'éducation*, n° 38, 1988, n. 1 p. 145. Christophe Charle évoquait l'ascension mondaine du docteur Proust par son mariage à la p. 288 du livre susmentionné.

25. M. Schneider, *Maman*, *op. cit.*, p. 115.

26. Lettre de Jules Riby à Joseph Lotte évoquant une soirée chez Pierre Marcel, 16 février 1912, *Feuillets mensuels* de l'Amitié Charles Péguy, n° 104, 23 décembre 1963, p. 26.

27. Voir les articles de *L'Action française* déjà cités, par exemple Raymond Romain, « À l'École Dick-Croiset », 5 juillet 1910, p. 2 ; Émile Para, « Les convives de Dick Croiset », 6 décembre 1910, p. 2. « Dick Croiset » est souvent genré au masculin. « Dick » désigne parfois le seul doyen, sous l'emprise supposée de sa compagne juive (Raymond Romain, « On garde le doyen. Bâtons blancs et cravates bleues », 26 janvier 1909, p. 2).

28. G. Renard, *Mémoires* inédits, Ms. 2488-2, f. 150-151.

29. Nathalie Heinich, *États de femme. L'identité féminine dans la fiction occidentale*, Paris, Gallimard, 1996, p. 304.

30. Table des successions et absences, Archives de Paris, août 1925, n° 11, DQ8 2364.

31. Lettre de Dick May à Maurice Wilmotte, 7 juillet 1923, KBR-Bibliothèque royale de Belgique, Ms. III 348/128-6. Toutes les lettres de Dick May à Wilmotte extraites de ce fonds sont accessibles en ligne.

32. Il s'agit sans doute ici de la montagne Sainte-Geneviève, où se situent la Sorbonne et l'École des hautes études sociales, plutôt que de Montparnasse où habite Romain Rolland. Lettre de Romain Rolland à Paul Dukas, BnF, département des manuscrits, fonds Romain Rolland, NAF 28 400, copie à Paul Dukas sur lettres dactylographiées par Mlle Dukas, 15 février [1902].

33. Lettre d'Élie Halévy à Xavier Léon datée de Londres, mai ou juin 1902, bibliothèque de l'ENS de Paris, archives privées et scientifiques, fonds Paul et Xavier Léon.

34. Lettre de Dick May à Georges Renard, 15 juin [1899], f. 371.

35. Lettre de Dick May à Eugène Fournière, 17 juin 1899, Archives nationales [AN], fonds Eugène Fournière, 14AS/181/2, IFHS 451. Toutes les lettres de Dick May aux Fournière désormais citées sont issues de ce fonds. La formule s'est certes banalisée. Marcel Proust l'utilise aussi : « [...] je viens de marier un frère, ce qui est presque aussi fatigant que de se marier soi-même [...] » (lettre à « Madame Alphonse Daudet, [Le mardi 3 février 1903] », *Correspondance*, t. III, *op. cit.*, p. 235).

36. Sur cette dynastie, voir Pierre Birnbaum, « Une famille de juifs d'État, les Hendlé », *Histoire politique des juifs de France*, Paris, Presses de la Fondation nationale des sciences politiques, 1990, p. 58-73.

37. Même si elle se trompe, indiquant plusieurs fois comme issues de *L'Orme du mail* des citations tirées en fait du *Mannequin d'osier*, deuxième volume d'*Histoire contemporaine*, le cycle romanesque qu'Anatole France ouvre avec *L'Orme du mail*. Voir J. Proust, *Souvenirs de lecture*, *op. cit.*, p. 86, 103 et 105.

## Filles de Sion

1. *Marcel Proust. Du côté de la mère*, catalogue de l'exposition tenue au musée d'Art et d'Histoire du judaïsme entre le 14 avril et le 28 août 2022, sous la direction d'Isabelle Cahn et Antoine Compagnon, Paris, musée d'Art et d'Histoire du judaïsme/Réunion des musées nationaux-Grand Palais, 2022.

2. Andrée Bauduin, « *Maman* de Michel Schneider », *Revue française de psychanalyse*, vol. 65, 2001/2, en ligne.

3. M. Schneider, *Maman*, *op. cit.*, p. 117. Voir aussi L. Scott Lerner, « Les "Fils" d'Esther : *À la recherche du temps perdu* comme micro-littérature », *MLN*, vol. 133, n° 4, septembre 2018 (édition française), p. 831-857.

4. Frans Francken II (dit Francken le Jeune), *Esther devant Assuérus*, s. d. (XVIIe siècle), huile sur bois, 72 x 103 cm, collection Marie-Claude Mauriac.

5. Armand Lunel, « Marcel Proust, sa mère et les juifs », *Europe*, vol. 49, n° 502-503, *Marcel Proust*, février-mars 1971, p. 65.

6. Jeanne Proust à son fils Marcel, « Auteuil, vendredi 3 heures [1er août ? 1890] », *Correspondance*, *op. cit.*, t. I, p. 145.

7. Salomon Reinach, « L'Émancipation intérieure du Judaïsme », *L'Univers israélite*, 26 octobre 1900, p. 175. Pendant neuf semaines, aux réponses aux lettres de S. Reinach formulées par R. T. – un contributeur de la revue – s'ajoutent quelques interventions en faveur de l'observance.

8. A. Compagnon, *Proust du côté juif*, *op. cit.*, p. 300-307. L'auteur signale que, après l'autorisation de la crémation en France, le père de Dick May a rappelé dans *L'Univers israélite* qu'elle restait interdite par la loi juive (Michel A. Weill, « De la crémation envisagée au point de vue de la doctrine et des traditions du judaïsme », *L'Univers israélite*, 16 novembre 1887, p. 143-145 ; 1er décembre 1887, p. 176-178 ; 16 décembre 1887, p. 208-210 ; 1er janvier 1888, p. 233-234 ; 16 janvier 1888, p. 266-268 ; 1er février 1888, p. 304-306 ; 1er mars 1888, p. 335-337). Le choix de Nathé, franc-maçon, le place du côté des libres penseurs. Son demi-frère Louis est au contraire enterré en juif. La cérémonie a eu lieu quelques jours avant que Marcel Proust ne réagisse aux propos antisémites de Robert de Montesquiou dans une lettre devenue célèbre (pour autant que cette lettre, potentiellement datée par P. Kolb du 19 mai 1896 [*Correspondance*, *op. cit.*, t. II, p. 66], s'inscrive bien dans cette chronologie). L'expérience récente d'obsèques juives renforcerait chez Proust les sentiments suscités par la polémique autour de l'article de Zola « Pour les juifs ».

9. Pierre Birnbaum, *Marcel Proust. L'Adieu au monde juif*, Paris, Seuil, 2022, p. 83.

10. Lettre de Jeanne Proust à son fils Marcel, « Jeudi soir [1897 ?] », *Correspondance*, *op. cit.*, t. II, p. 160-161. Voir p. 161-162 les notes de Philip Kolb, notamment celles faisant le lien entre cet épisode et sa reconstruction dans *Jean Santeuil*.

11. Marcel Proust, *Jean Santeuil* précédé de *Les Plaisirs et les Jours*, édition établie par Pierre Clarac avec la collaboration d'Yves Sandre, Paris, Gallimard, « Bibliothèque de la Pléiade », 1971, p. 411 *sq.*, en particulier p. 415-423.

12. Martin Robitaille, chapitre « Repli. La correspondance avec Jeanne Proust », in *Proust épistolier*, Montréal, Presses de l'Université de Montréal, 2003, en ligne.

13. Lettre de Marcel Proust à Anna de Noailles, « [Le mercredi 27 septembre 1905] » (l'enterrement de Jeanne Proust est prévu le lendemain), *Correspondance*, *op. cit.*, t. V, p. 345.

14. A. Lunel, « Marcel Proust, sa mère et les juifs », art. cité, p. 65.

15. A. Compagnon, *Proust du côté juif*, *op. cit.*

16. C. Péchenard, *Proust et son père*, *op. cit.*, p. 183.

17. M. Schneider, *Maman*, *op. cit.*, p. 110.

18. Saul Friedländer, *À la recherche de Proust*, traduit de l'anglais par Alexandre Pateau, Paris, Seuil, 2021 [Other Press, 2019], p. 55-56. Voir aussi p. 33.

19. Mentionnons toutefois Ernestine Potowsky Rose (1810-1892), fille d'un rabbin orthodoxe polonais, qui dans les années 1830 a fui le ghetto et un mariage forcé pour rallier à Londres les socialistes utopistes, avant de passer aux États-Unis, où elle a milité contre l'intolérance religieuse, contre l'esclavagisme et pour les droits des femmes (voir Françoise Basch, « Marginales ou

minoritaires : deux féministes américaines au dix-neuvième siècle », *Cahiers Charles V*, n° 12, « Interdits/libertés en Grande-Bretagne, en Irlande, aux États-Unis », 1990, p. 120).

20. C'est le cas dans *La Fille du rabbin* (Paris, Plon, 1876), roman colonial publié par Anne-Caroline-Joséphine de Voisins d'Ambre sous le pseudonyme de Pierre Cœur. Il décrit comment le lieutenant Léonce Maubert, envoyé en Algérie, s'y éprend d'« une incomparable beauté, fille du pauvre rabbin Isaak, vertu farouche » (p. 43). Le héros paie et contraint un commerçant juif pour qu'il épouse sa coreligionnaire mais lui réserve l'exclusivité de ses faveurs. La jeune mariée n'a d'autre choix que de se plier aux désirs de Maubert ; elle finit par l'empoisonner, vengeant son honneur et celui d'Israël, mais reconnaît avoir ressenti pour le chrétien un amour qu'elle ne lui a jamais manifesté. L'autrice, partisane de l'assimilation totale, exprime dans ce roman son aversion pour les indigènes, mais, malgré les notations antisémites, charge moins les juifs que les musulmans. Plus près de nous, « la fille du rabbin » remplit un véritable rôle narratif dans la bande dessinée à succès *Le Chat du rabbin* (onze albums à ce jour, Paris, Dargaud, 2002-2021), conçue et illustrée par Joann Sfar, mise en couleurs par Brigitte Findakly. Le héros est un chat amoureux de la fille d'un rabbin d'Alger, au début du xxe siècle. Voir aussi n. 4, p. 194.

21. Valérie Assan, chapitre iv, « Les hussards du Consistoire central », in *Les Consistoires israélites d'Algérie au xixe siècle. « L'alliance de la civilisation et de la religion »*, Paris, Armand Colin, 2012, p. 149-183.

22. Michel A. Weil *[sic]*, rapport daté d'Alger, 15 avril 1845, adressé à M. Artaud, inspecteur général des études, sur la situation morale et religieuse des israélites d'Alger, *Archives israélites de France*, 1er août 1845, p. 661.

23. Dick May, *L'Alouette*, *op. cit.*, p. 9-10.

24. Lettre de Zadoc Kahn à Charles Nauroy sur papier à en-tête « Grand Rabbin de Paris », 3 juillet 1884, archive consultable en ligne sur Gallica.

25. Carte postale de Dick May à Lionel Dauriac rédigée en allemand et portant un cachet du 7 août 1897, Bibliothèque interuniversitaire de la Sorbonne, Papiers Lionel Dauriac, MSVC 343, f. 942 ; lettre de Dick May à Madame Cobden-Sanderson, 16 décembre 1904, West Sussex Record Office, cote Cobden, Ms. 154, f. 20.

26. Lettre de Dick May à Charles Péguy, 15 décembre 1905, Centre Charles-Péguy d'Orléans, CORCQ-IV-29 Inv 1663. Toutes les lettres de Dick May à Charles Péguy désormais citées sont issues de ce fonds.

27. Carte postale de Dick May à Charles Péguy, « London, Hyde Park », 26 mars [1910], CORCQ-IV-29 Inv 1674.

28. Jean Guiraud, « UN IMPORTANT MÉMOIRE adressé aux catholiques américains sur les polémiques françaises concernant les orphelins de la guerre », *La Documentation catholique*, 11-18 octobre 1919, p. 455.

29. R. P. Dom Besse, *Les Religions laïques. Un romantisme religieux*, Paris, Nouvelle Librairie nationale, 1913, p. 41 et p. 24.

30. Georges Weill, *Histoire de l'idée laïque en France au xixe siècle*, Paris, Alcan, « Bibliothèque d'histoire contemporaine », 1925.

31. Voir Natalie Zemon Davis, *Juive, catholique, protestante. Trois femmes en marge au xviie siècle*, traduit de l'anglais par Angélique Levi, Paris, Seuil, « La Librairie du xxie siècle », 1997, p. 33.

32. G. Weill, « Quelques mots sur ma famille et sur ma vie », *op. cit.*

33. Recensement de 1866, archives du Bas-Rhin, 7 M 695.

34. Lettre de Dick May à Madame Fournière, 1er août [1903 ?], IFHS 506.

35. Précisant le rôle de Charles Goudchaux, Sandra Dab rappelle la nécessité pour les banquiers juifs, mitraillés d'accusations antisémites, de s'engager dans une philanthropie non confessionnelle, afin d'attester non seulement qu'ils redistribuent une part de leur fortune, mais encore qu'ils le font pour le bien de toute la société française (« La philanthropie laïque, facteur d'intégration des juifs sous la III^e^ République », *in* Colette Bec (dir.), *Philanthropies et politiques sociales en Europe (XVIII^e^-XX^e^ siècles)*, Paris, Economica, 1994, p. 107 et n. p. 110).

36. Les lettres de Dick May à Louise Renard datées du 4 juillet 1894 (f. 454-455) et du 9 juillet 1894 (f. 456-457) sont toutes deux rédigées sur papier à en-tête « Devonshire Lodge, 11 Landbroke Terrace. TA. », domicile londonien de Bertha Lewis, née Cohen, tante d'Hortense Otterbourg.

37. « *Réunion des souscripteurs du "Kéren Ha-Yesod"* », *L'Univers israélite*, 14 mars 1924, p. 642.

38. « *Conférences sur le sionisme* », *L'Univers israélite*, 5 janvier 1923, p. 368.

39. Céline Leglaive-Perani, « Donner au féminin : Juives philanthropes en France (1830-1930) », *Archives juives*, vol. 48, 2015/2, p. 13.

40. A. Compagnon, *Proust du côté juif*, *op. cit.*, p. 22.

41. Lettre de Dick May à Georges Renard, 15 avril [1900], f. 367.

42. Georges Picquart, nommé ministre de la Guerre le 25 octobre 1906, exerce à l'hôtel de Brienne, rue Saint-Dominique.

43. Lettre de Dick May à Charles Péguy, 12 décembre 1906, CORCQ-IV-29 Inv 1665.

44. Lettre de Dick May à André Antoine, s. d. [« Dimanche matin »]. Avec d'autres « partisans résolus de la liberté de penser et d'écrire », Dick May a signé la pétition « Pour Gorki », et plus généralement « tous les écrivains qui ont eu à souffrir du despotisme russe », qui paraît en une de *L'Humanité* le 1^er^ février 1905 face à la « possible [...] déportation ou [...] condamnation à mort » de l'écrivain favorable à la révolution bolchevique.

45. M. Proust, *Jean Santeuil...*, *op. cit.*, p. 658-659.

46. « Une protestation », *L'Aurore*, 14 janvier 1898, p. 1 ; « Protestation », supplément à *L'Aurore*, 28 novembre 1898, p. 3.

47. « Un vœu », *Le Temps*, 8 décembre 1898, p. 2.

48. Dick May, « Les bourses de voyage et les ouvriers », *La Revue blanche*, mai-août 1898, p. 467-472 ; *L'Alouette*, *op. cit.*

## Identités

1. Lettre de Dick May à Jane Misme, 26 [mai 1900], Bibliothèque Marguerite-Durand, fonds Jane Misme, 091 JM. Toutes les lettres à Jane Misme désormais citées renvoient à cette cote. Dick May ne se contente pas de citer à plusieurs reprises François de Curel dans la correspondance ; elle lui dédie *Un récit*, paru dans *La Revue des revues* le 1^er^ juillet 1899, p. 80-90.

2. Dick May à Marguerite Dreyfus, [8 mars 1894 ?], Bibliothèque Marguerite-Durand, LA-00707.

3. Sarah Al-Matary, « "J'ai tous les courages sitôt qu'il ne s'agit plus de moi..." Dick May entre refus de parvenir et stratégies d'effacement », *Mil neuf cent*, n° 37, *Refus de parvenir*, 2019, p. 69-88.

4. *Id.*, recension de deux ouvrages sur Dick May (Serge-Allain Rozenblum, *Dick-May. Une femme architecte des savoirs*, Versailles, VA Éditions, juillet 2019 ; Mélanie Fabre, *Dick May. Une femme à l'avant-garde d'un nouveau siècle :*

*1859-1925*, Rennes, Presses universitaires de Rennes, 2019), *Mil neuf cent*, n° 38, 2020, p. 173-180.

5. Georges Poulet, « Une critique d'identification », *Les Chemins actuels de la critique*, colloque organisé sous la direction de Georges Poulet au Centre culturel international de Cerisy-la-Salle du 2 au 12 septembre 1966, textes revus et publiés par Jean Ricardou, Paris, Plon, 1966, p. 9-24, suivis d'une discussion retranscrite p. 25-35.

6. Roland Barthes, *Le Plaisir du texte*, Paris, Seuil, 1973.

7. Sur l'identification de Roland Barthes à Marcel Proust, devenue plus prégnante après la mort de sa mère en 1977, voir les fiches 17 et 18 reproduites dans R. Barthes, *Marcel Proust. Mélanges*, *op. cit.*, « Une sélection de fiches du grand fichier consacrées à Proust », non paginé. Voir aussi la conférence « "Longtemps, je me suis couché de bonne heure" » donnée au Collège de France le 19 octobre 1978, citée dans *ibid.*, p. 121-122, et la troisième émission d'« Un homme, une ville : Marcel Proust » (3 novembre 1978), où il cause avec Jean Montalbetti sur France Culture, citée dans « À l'ombre des jardins et des bois », *ibid.*, p. 106.

8. Marcelle Capy, « Pour les Orphelins. Contre les intrigues », *La Bataille syndicaliste*, 22 juin 1915, p. 1. Marcelle Capy utilise cette expression à charge.

9. Charles Péguy, *Clio. Dialogue de l'histoire et de l'âme païenne*, in *Œuvres en prose complètes*, édition de Robert Burac, Paris, Gallimard, « Bibliothèque de la Pléiade », t. III, 1992, p. 1203.

10. Au point que, en Allemagne, les nazis contraignirent les femmes juives qui ne portaient pas selon eux un prénom assez marqué à y ajouter « Sara » (loi du 17 août 1938).

11. « Sarah est un être ambivalent », *Idixa*, en ligne sur https://www.idixa.net/Pixa/pagixa-0501030359.html

## Jamais sans ma mère

1. Adèle Weil, s. d., épreuve sur papier albuminé, 13,6 x 9,8 cm, collection particulière.

2. Lettre de Marcel Proust à sa grand-mère Adèle Weil, en allemand, « [Le samedi 5 février 1881] » : « [...] Hier je voulais t'écrire un souhait en latin mais je n'ai pas su le faire. *Avunculus* signifie oncle et non grand-père, tu as toujours raison. [...] » (traduction de Philip Kolb, *Correspondance*, *op. cit.*, t. XXI, p. 541).

3. Tradition que Marcel Proust tâche de perpétuer, après la mort de sa mère, dans les lettres à son frère Robert. Ainsi le 28 avril 1914 : « Tu vois que du moins la tradition des citations ne se perd pas dans la famille [...] » (*Correspondance*, *op. cit.*, t. XIII, p. 166).

4. M. Robitaille, chapitre « Repli. La correspondance avec Jeanne Proust », in *Proust épistolier*, *op. cit.* La citation est extraite d'André Green, *La Déliaison*, Paris, Les Belles Lettres, 1992, p. 328-329.

5. Roger Duchêne invite prudemment, faute d'indices, à ne pas surévaluer l'influence de supposées lectures d'Adèle Berncastel sur sa fille et son petit-fils, ce qui reviendrait à confondre la famille de Proust avec les proches du Marcel de la *Recherche* (« Proust, lecteur de Mme de Sévigné », dans *Offene Gefüge. Festschrift für Fritz. Nies*, Tübingen, Narr-Verlag, 1994, p. 225-238).

6. M. Robitaille, chapitre « Repli. La correspondance avec Jeanne Proust », in *Proust épistolier*, *op. cit.*

7. Jeanne Proust avait d'abord attribué à Sainte-Beuve cette tirade extraite de *Gabrielle*, comédie d'Émile Augier créée fin 1849 (J. Proust, *Souvenirs de lecture*, *op. cit.*, p. 80).

8. Lettre de Marcel Proust à sa mère, « Samedi soir [24 septembre 1904] », *Correspondance*, *op. cit.*, t. IV, p. 294.

9. Lettre de Jeanne Proust à son « Cher petit pauvre loup », « [Salies-de-Béarn] Samedi matin [7 septembre 1889] », *ibid.*, t. I, p. 126.

10. R. Barthes, « Une sélection de fiches du grand fichier consacrées à Proust », in *Marcel Proust. Mélanges*, *op. cit.*, fiches 43 et 43 *bis*, non paginé. Les astérisques figurent dans le texte de Barthes.

11. Dick May, *L'Alouette*, *op. cit.*, p. 10, 31-32 et 35.

12. Virginia Woolf, *Une chambre à soi* [1929], traduction de l'anglais et notes par Sophie Chiari, préface de Lauren Bastide, Paris, Librairie générale française, « Le Livre de Poche », 2020, p. 93.

13. Dick May, *L'Alouette*, *op. cit.*, p. 11 et 12.

14. Un sujet abordé en famille, puisque Michel Aaron Weill, devançant la consultation du grand rabbin Isidor lorsque le divorce est rétabli en France (loi Naquet du 27 juillet 1884, où les antisémites voient d'ailleurs une mesure « juive »), rédige un texte progressiste, espérant ajuster à la nouvelle loi civile la décision des maris qui rechigneraient à accorder à leur femme le droit de divorcer – condition *sine qua non* dans la loi juive (*Le Divorce au point de vue israélite. Appel au rabbinat par M. le Grand Rabbin de France, consultation par M. Le Grand Rabbin Michel A. Weill*, Paris, Jouaust et Sigaux, 1886 [initialement paru dans *L'Univers israélite*]).

15. Lettre de Dick May à Louise et Georges Renard, 5 octobre 1892, f. 407 ; lettre de Dick May à Louise et Georges Renard, 31 mai 1893, f. 425 ; lettre de Dick May à Louise Renard, 3 décembre 1894, f. 468 ; lettre de Dick May à Henri La Fontaine, 24 février 1904, HLF 059/1B/59.

16. Lettre de Dick May à Henri La Fontaine, 26 avril 1920, HLF 059/1B/42.

17. Lettre de Dick May à Henri La Fontaine, 26 avril 1920, HLF 059/1B/42.

18. Lettre de Dick May à Marguerite Dreyfus, [8 mars 1894 ?], Bibliothèque Marguerite-Durand, LA-00707.

19. G. Weill, « Quelques mots sur ma famille et sur ma vie », *op. cit.*

20. Lettre de Dick May à Louise Renard, 10 octobre 1894, f. 399.

21. Lettre de Dick May à Louise Renard, 25 juillet [1899], f. 536.

22. Lettre d'Henriette Weill à Louise Renard, 7 janvier [1898], f. 379.

23. Lettre de Dick May à Louise Renard, 27 septembre 1900, f. 553.

24. Lettre d'Henriette Weill à Louise Renard, 21 août [1900], f. 551.

25. Lettre de Jeanne Proust à son fils Marcel, « Auteuil, mercredi, une heure [23 avril 1890] », *Correspondance*, *op. cit.*, t. I, p. 136.

26. Voir lettre de Dick May à Louise Renard, 6 août 1893, f. 430.

27. Lettre de Pierre Marcel à Charles Péguy, timbre des *Cahiers de la Quinzaine* en date du 27 avril 1906, in *Pierre Marcel. Charles Péguy, Correspondance (1905-1914)*, 398 textes réunis, classés et annotés par Julie Sabiani, collection « Cahiers de l'*Amitié Charles Péguy* », n° XXVII, Paris, diffusion Minard, 1980, p. 29-30.

28. Cet épisode est évoqué, non sans sarcasme, dans une lettre de Romain Rolland à sa mère, datée de « Spiez, Samedi 8 juillet [1911] », BnF, département des manuscrits, fonds Romain Rolland, NAF 28400.

29. Lettre de Dick May à Georges Renard, 7-9 décembre 1896, f. 497.

30. « Devant la mère », *Journal des débats politiques et littéraires*, 7 décembre 1894-16 décembre 1894, p. 2 ; *Mère*, pièce en quatre actes (trois sont joués à l'Odéon le 1er mars 1911).

31. Dick May, *Mère. Pièce en quatre actes*, Paris, P.-V. Stock, 1911, IV, 7, p. 218.

32. Dick May, *La Courroie sans fin. Pièce en 4 actes et en prose*, texte manuscrit par une agence de copie, conservé à la BnF (département des arts du spectacle) dans le fonds de l'Odéon en deux fascicules : 4-COL-376 (343, 7, 1) pour les deux premiers actes, et 4-COL-376 (343, 7, 2) pour les deux derniers. La citation est extraite de l'acte IV, scène 22, p. 96.

33. Lettre de Dick May à André Antoine, [2 mars 1911].

34. Non signé [Robert de Flers], « Les Premières », *L'Attaque*, 6 mars 1911, p. 3.

35. Voir Mélanie Fabre, « L'Orphelinat des armées au cœur des controverses : l'implosion de l'union sacrée autour des orphelins », *Guerres mondiales et conflits contemporains*, n° 294, 2024/2, p. 105. La citation donnée par Mélanie Fabre est tirée d'un extrait du règlement général de l'Orphelinat des Armées conservé aux Archives départementales du Rhône sous la cote 1M154.

## L'esprit et la lettre

1. Pedro Corrêa do Lago, qui conserve ces deux tirages d'amateur anonymes dans sa collection, les attribue à Marcel Proust, les date de 1903, et les situe rue de Courcelles (*Marcel Proust. Une vie de lettres et d'images*, Paris, Gallimard, 2022, p. 124-125).

2. Jean-Jules-Antoine Lecomte du Nouÿ, *Portrait du docteur Adrien Proust*, 1885, huile sur bois, 75 x 68 cm, Illiers-Combray, Maison de tante Léonie-musée Marcel Proust.

3. Christine Planté, « Introduction », *in* Christine Planté (dir.), *L'Épistolaire, un genre féminin*, Paris, Champion, 1998, p. 13.

4. C. Francis et F. Gontier font des *Mémoires* de Saint-Simon « le livre de chevet d'Adèle et Nathé Weil ». Ils ajoutent : « c'est Adèle Weil que Marcel Proust écoute le plus passionnément. C'est une remarquable conteuse et une lectrice passionnée de mémoires. Elle ne se déplace jamais sans un volume des *Lettres* de Mme de Sévigné et un tome des *Mémoires* de Mme de Beausergent » (*Marcel Proust et les siens…*, *op. cit.*, p. 32 et 66). L'emphase de la formulation éveille le soupçon ; R. Duchêne – à la fois biographe de Madame de Sévigné et de Marcel Proust – émet de fortes réserves quant à la transmission d'un matrimoine sévignéen par Jeanne, et plus encore par Adèle (« Proust, lecteur de Mme de Sévigné », art. cité, p. 225-238).

5. Georges Weill, *Un précurseur du socialisme. Saint-Simon et son œuvre*, Paris, Perrin, 1894, p. v et vii.

6. Émile Berr, *La Revue politique et littéraire*, 26 mars 1898, p. 415.

7. Christian Topalov (dir.), *Laboratoires du nouveau siècle : la nébuleuse réformatrice et ses réseaux en France, 1880-1914*, Paris, Éditions de l'École des hautes études en sciences sociales, 1999.

8. Antoine Compagnon, « À hue et à dia », introduction à John Ruskin, *Sésame et les Lys*, traduction et notes de Marcel Proust, précédé de *Sur la lecture* de Marcel Proust, éd. établie par Antoine Compagnon, Bruxelles, Complexe, 1987, p. 13.

9. Après avoir livré un fragment des « Lys dans les jardins de la reine » le 1er septembre 1895 (p. 338), le *Bulletin de l'Union pour l'Action morale* en propose une traduction plus complète du 1er décembre 1895 au 15 février 1896.

10. Robert de La Sizeranne, *Ruskin et la Religion de la beauté*, Paris, Hachette, 1897. Parmi les fondateurs de l'*Union*, l'historien Gabriel Monod, Arthur Fontaine – haut fonctionnaire à l'Office du travail –, et le pasteur Charles Wagner, que fréquente Dick May. Ils gravitent dans les cercles réformateurs qui formeront La Coopération des idées, le Musée social et le Collège libre des sciences sociales.

11. M. P. [Marcel Proust], « Nécrologie. John Ruskin », *La Chronique des arts et de la curiosité*, 27 janvier 1900, p. 35 ; Marcel Proust, « Pèlerinages ruskiniens en France », *Le Figaro*, 13 février 1900, p. 5 ; *id.*, « Ruskin à Notre-Dame d'Amiens », *Mercure de France*, avril 1900, p. 56-88 ; *id.*, « John Ruskin (premier article) », *Gazette des Beaux-Arts*, 1er avril 1900, p. 310-318, et « John Ruskin (deuxième et dernier article) », 1er août 1900, *ibid.*, p. 135-146. Les autres textes de M. Proust sur Ruskin figurent dans la « Bibliographie » jointe à *Sésame et les Lys*, édition d'Antoine Compagnon, *op. cit.*, p. 32-33.

12. Jacques Bardoux, *Le Mouvement idéaliste et social dans la littérature anglaise au* XIXe *siècle. John Ruskin*, thèse pour le doctorat ès lettres, Coulommiers, Brodard, 1900 ; H. J. Brunhes, *Ruskin et la Bible, pour servir à l'Histoire d'une Pensée*, Paris, Perrin, 1901.

13. Dick May, « Revue des derniers livres français », *La Revue*, 15 avril 1901, p. 212.

14. Lettres de Dick May à Jacques Bardoux, 6 et 8 février 1900, archives du Puy-de-Dôme, fonds Jacques Bardoux ; Dick May, « Quelques réflexions sur les Universités populaires », *La Revue socialiste*, janvier 1901, p. 32-49 ; février 1901, p. 165-184, et « Les Universités populaires », *La Petite République socialiste*, 3 novembre 1902, p. 1.

15. Lettre de Jean Brunhes à Louise et Georges Renard, 17 avril 1896, BHVP, fonds Georges Renard, Ms. 2610, f. 257.

16. D. May, « Revue des derniers livres français », art. cité, p. 213.

17. John Ruskin, *Les Pierres de Venise*, études locales pouvant servir de direction aux voyageurs séjournant à Venise et à Vérone, traduction par Mme Mathilde P. Crémieux, préface de M. Robert de La Sizeranne, Paris, H. Laurens, 1906. Marcel Proust rendra compte de cet ouvrage dans *La Chronique des arts et de la curiosité*, 5 mai 1906, p. 146-147.

18. « Appendice (Note du § 30.) » à « Première conférence. Sésame Des Trésors des Rois », *Sésame et les Lys*, éd. citée, p. 240-244.

19. Lettre de Proust à Marie Nordlinger, « [Versailles, le vendredi soir 7 décembre 1906] » : « J'ai clos à jamais l'ère des traductions, que Maman favorisait » (*Correspondance*, *op. cit.*, t. VI, p. 308).

20. John Ruskin, « La Lampe de la mémoire », chapitre VI des *Sept Lampes de l'architecture*, traduit par Olivier Georges Destrée, *La Revue générale*, octobre 1895.

21. Lettre de Marcel Proust à sa mère, « [vers octobre 1899] », *Correspondance*, *op. cit.*, t. II, p. 365.

22. Lettre de Marcel Proust à sa mère, « [le jeudi 24 janvier 1901 ?] », *ibid.*, p. 414. Je corrige une coquille égarée dans l'édition (« ou net » pour « au net »), mais respecte la typographie originale.

23. Marcel Proust, *I – ŒUVRES DIVERSES. VII-XXI Traductions de Ruskin. VII-VIII La Bible d'Amiens*, BnF, département des manuscrits, NAF 16617.

24. Marcel Proust, *Fragments d'œuvres et correspondance. III Correspondance* et varia, BnF, département des manuscrits, NAF 27352, f. 243 et f. 244-247.

25. M. Robitaille, chapitre « Repli. La correspondance avec Jeanne Proust », in *Proust épistolier*, *op. cit.*, en ligne.

26. *Ibid.* M. Robitaille se réfère notamment à Michel Schneider, *Voleurs de mots. Essai sur le plagiat, la psychanalyse et la pensée*, Paris, Gallimard, « Connaissance de l'inconscient », 1985, et à Edward Bizub, *La Venise intérieure. Proust et la poétique de la traduction*, Neuchâtel, Éditions de La Baconnière, « Langages », 1991.

27. C. Péchenard, *Proust et son père*, *op. cit.*, p. 280 et 214.

28. Lettre de Marcel Proust à Constantin de Brancovan, « [Peu avant le 24 novembre 1902] », *Correspondance*, *op. cit.*, t. III, p. 175.

29. Lettre de Marcel Proust à Constantin de Brancovan, « Jeudi soir [29 janvier 1903] », *ibid.*, p. 229.

30. Lettre de Marcel Proust à Constantin de Brancovan, « [Seconde quinzaine de janvier 1903] », *ibid.*, p. 220-221.

31. M. Proust, « Note », *Sésame et les Lys*, éd. citée, p. 37.

32. *Id.*, *La Bible d'Amiens*, Paris, Mercure de France, 1904, n. 1 p. 32.

33. *Id.*, dédicace en tête d'*ibid.*, 1904.

34. Lettre de Marcel Proust à Lucien Daudet, [premiers jours de juin 1906], *Correspondance*, *op. cit.*, t. VI, p. 100.

35. Marcel Proust, *Les Soixante-quinze feuillets et autres manuscrits inédits*, édition établie par Nathalie Mauriac Dyer, préface de Jean-Yves Tadié, Paris, Gallimard, 2021, f. 10, p. 34.

36. Lettres de Dick May à Gabriel Tarde, 23 décembre 1896 et 20 avril 1900.

37. Arvède Barine, *Alfred de Musset*, Paris, Hachette, 1893 ; 7e édition chez le même éditeur en 1919.

38. Annie Ernaux, *Mémoire de fille*, Paris, Gallimard, « Folio », 2022 [2016], p. 35.

39. Notamment certains vers de « La Nuit d'octobre » (1837) ; voir *Souvenirs de lecture*, éd. citée, citation [10] p. 68 en partie reprise sous le numéro [96] p. 131 ; citation [97] p. 131, qu'on retrouve (légèrement modifiée pour être insérée dans la prose de l'auteur) dans une lettre de Marcel Proust à Antoine Bibesco, « [Vers le 16 septembre 1902] », *Correspondance*, *op. cit.*, t. III, p. 146, et lettre à Mme de Chevigné, « [Peu avant le 8 octobre 1918] », *ibid.*, t. XVII, p. 379-380. Marcel Proust reprend la citation [15] située à la p. 75 des *Souvenirs de lecture* dans la lettre à Walter Berry, [le dimanche 29 juin 1919], *Correspondance*, *ibid.*, t. XVIII, p. 281.

40. Stéphane Chaudier, « "L'amour n'est pas aimé" : Proust lecteur de Musset », *in* Gisèle Séginger (dir.), *Poésie et vérité*, Paris, Champion, 2012, p. 70.

41. Lettre de Dick May à Louise et Georges Renard, 23 novembre 1894, f. 466.

42. Lettre de Dick May à Louise Renard, 3 décembre 1894, f. 469.

43. Lettre de Louise Renard, au nom du couple Renard, 1er janvier 1895, f. 470.

44. Lettre de Dick May à Lionel Dauriac, 7 juin 1897, f. 933-934.

45. J. Proust, *Souvenirs de lecture*, *op. cit.*, [citation 58] p. 105 : « Nous écoutions la nuit. Je regardais Lucie (Musset). »

46. Lettre de Dick May à Georges Renard, 13 août 1898, f. 524. Dans les *Poésies nouvelles* de Musset, la première partie de cette épître amoureuse

est encadrée par les vers : « Si je vous le disais pourtant, que je vous aime, / Qui sait, brune aux yeux bleus, ce que vous en diriez ? »

47. Feuille de cahier conservée dans le fonds Tarde (CHSP, GTA 95).

48. S.-A. Rozenblum, *Dick-May. Une femme architecte des savoirs*, *op. cit.*, p. 103. Cet ouvrage – le premier entièrement consacré à Dick May – est hélas truffé d'erreurs factuelles.

49. Dick May, « Ma tante Maria », *Revue de famille*, 1er décembre 1889, p. 350-374 ; « Diplômée », *Revue de famille*, 1er novembre 1890, p. 253-261 ; « La Reine des Snobs », *La Vie contemporaine*, 1er juillet 1896, p. 50-77 ; « Les Étrennes de la Marquise. Conte du nouvel an », *La Vie contemporaine*, 1er janvier 1897, p. 41-52. Marcel Proust, « L'Indifférent », 1er mars 1896, p. 428-439.

50. Adrien Proust, *Traité d'hygiène* [1877], 3e édition, revue et considérablement augmentée en collaboration de MM. les docteurs Netter et Bourges, Paris, Masson et Cie, 1902.

51. « La propreté et l'hygiène », conférence de Paul Brouardel reprise à la fin du volume *Les Applications sociales de la solidarité. Leçons professées à l'École des hautes études sociales par MM. P. Budin, Ch. Gide, H. Monod, G. Paulet, A. Robin, J. Siegfried, P. Brouardel, préface de M. Léon Bourgeois*, Paris, Alcan, « Bibliothèque générale des sciences sociales », 1904, p. 237-261. Le docteur Proust est cité p. 98, 102, 143 et 245.

52. D'abord paru en feuilleton sous le titre « Suggestion. Fragments du journal de Clara Sturm », *Le Temps*, 15 avril-22 avril 1891.

53. Dick May, *L'Affaire Allard*, Paris, Calmann-Lévy, 1892. Cette nouvelle, publiée dans *Le Journal des débats* en première page à partir du 12 avril 1892, a été confiée par Dick May à un Allemand, Paul Lindau, qui l'a adaptée sous le titre *Le Procureur Hallers*. Elle devient *Der Andere* (*L'Autre*) lors de sa création à Dresde le 20 avril 1893. En 1912, les Français Forest et de Gorsse la traduisent. Elle est jouée au Théâtre Antoine le 16 octobre 1913. L'intrigue de « L'affaire Allard » est portée à l'écran par Max Mack (*Der Andere*, Berlin, Vitascope GmbH, 1913) et Robert Wiene Buch (Berlin, Terra-Film AG, 1930).

54. Voir Edward Bizub, *Proust et le moi divisé. La* Recherche *: creuset de la psychologie expérimentale (1874-1914)*, Genève, Droz, 2006, chapitre IV, « Le dormeur éveillé et Mr Hyde », p. 113-144.

55. Adrien Proust, « Cas curieux d'automatisme ambulatoire chez un hystérique », *La Tribune médicale*, 27 mars 1890. Évoqué par Alfred Binet dans *Les Altérations de la personnalité*, Paris, Alcan, 1892, p. 29-32.

56. Dick May, *L'Affaire Allard*, *op. cit.*, p. 106. Dans sa pièce en un acte *Autour d'une élection*, Dick May met en scène un « docteur Prost » (*Athèna*, n° 13, février 1912). Le charpentier en fer qui représente le parti des travailleurs dans *La Courroie sans fin* se nomme aussi Prost.

57. C. Péchenard, *Proust et son père*, *op. cit.*, p. 295.

58. Lettre de Marcel Schwob à sa femme Marguerite Moreno, 13 février 1905, in *Correspondance inédite*, édition de John Alden Green, Genève, Droz, 1985, p. 205.

59. Lettre de Romain Rolland à Sofia Bertolini Guerrieri-Gonzaga, 22 novembre 1908, reproduite dans *Chère Sofia. Choix de lettres*, Paris, Albin Michel, 1959-1960, t. I, p. 379.

60. Lettre de Jules Riby à Joseph Lotte déjà citée, 16 février 1912, *Feuillets mensuels* de l'Amitié Charles Péguy, n° 104, *op. cit.*, p. 26.

61. Lettre de Dick May à Georges Renard, 7-9 décembre 1896, f. 497.

62. Lettre de Dick May à Georges Renard, 14 juillet 1892, f. 400, et lettre de Dick May à Georges Renard, 2 septembre 1892, f. 404-405.

63. Dick May, « Suggestion. Fragments du journal de Clara Sturm », in *L'Affaire Allard*, *op. cit.*, p. 175.

64. Lettre de Dick May à Louise Renard, 13 décembre 1893, f. 441.

65. Lettre de Dick May à Maurice Wilmotte, 24 [juillet 1923], Ms. III 348/128-1.

66. Lettre de Dick May à Charles Péguy, [autour du 23 novembre 1905], CORCQ-IV-29 Inv 1662.

67. Marcel Proust, *À l'ombre des jeunes filles en fleurs*, I, in *À la recherche du temps perdu*, Paris, Gallimard, « Bibliothèque de la Pléiade », 1987, t. I, p. 591. Madeleine Lemaire, une des femmes qui inspira à Proust Madame Verdurin, était surnommée « la Patronne ».

## « Mondaines »

1. Lettre de Dick May à Arvède Barine, 22 novembre 1889, BnF, département des manuscrits, NAF 18349, f. 111.

2. Lettre de Jeanne Proust à son fils Marcel, « Auteuil, jeudi matin [21 août ? 1890] », *Correspondance*, *op. cit.*, t. I, p. 155.

3. Lettre de Dick May à Louise et Georges Renard, 31 mai 1893, f. 424.

4. Lettre de Dick May à Georges Renard, 10 octobre 1892, f. 409.

5. Lettre de Dick May à Louise Renard, 25 juillet [1899], f. 536.

6. Il s'agit en effet plutôt de « randonnées » ou d'« excursions » que d'alpinisme. Sur la différence entre « [l]es "horizontaux", ou du moins ceux qui n'ont que le col comme objectif » et « [l]es "verticaux" [...], avec comme mission la conquête des sommets par des parois de plus en plus inaccessibles », les premiers étant associés au développement de la marche en montagne autour de 1900, voir Antoine de Baecque, *Les Godillots. Manifeste pour une histoire marchée*, Paris, Anamosa, 2017, p. 165-166.

7. Lettre de Dick May à Henri La Fontaine, 2 novembre 1905, HLF 059/1B/31.

8. Lettre de Dick May à Léonie et Henri La Fontaine, 10 juillet 1901, HLF 059/1B/9.

9. Dick May, « L'optimisme à la montagne. Sur nos monts, par M. Auguste André », *La Liberté*, 23 juillet 1895, p. 3.

10. Lettre de Charles Andler à Lucien Herr, datée de « Begnins (Vaud. Suisse) Pension Château du Martheray [,] 23 août [1907] », *Correspondance entre Charles Andler et Lucien Herr 1891-1926*, édition établie, présentée et annotée par Antoinette Blum, préface de Christophe Charle, Paris, Presses de l'École normale supérieure, 1992, p. 75.

11. Il reste d'Alice Hertz une photographie à Pralognan-la-Vanoise, où Dick May perdra la vie (photographie reproduite dans Nicolas Mariot, *Histoire d'un sacrifice. Robert, Alice et la guerre*, Paris, Seuil, 2017, p. 27).

12. Dick May, « Une reine-mère. Mme Seiler », *La Revue parisienne*, 2e année, 2e semestre, n° 7, 10 octobre 1893, p. 289-293. Le livre d'or de l'hôtel *Mont-Rose* confirme que Dick May et son frère Georges y sont descendus à partir du 6 août 1893.

13. C'est à cet hôtel que Marcel Proust lui expédie une lettre de « [Paris, 26 août 1901] » (*Correspondance*, *op. cit.*, t. II, p. 442).

14. Lettre de Dick May à Henri La Fontaine, 5 mars 1903, HLF 258/3.

15. Certes peut-être pas au même degré, Madame Catusse étant l'une des plus proches amies de Madame Proust. Je n'ai hélas pas pu consulter

la lettre de Dick May à Madame Catusse mise aux enchères il y a quelques années (vente à la salle Rossini, Paris, le 20 avril 2009, dans un lot d'environ 180 lettres autographes signées, la plupart à Monsieur ou Madame Anatole Catusse ou à leur fils Charles).

16. Lettre de Marcel Proust à sa grand-mère Weil, « [Hôtel de la Paix. [Salies-de-Béarn, été 1885 ou 1886]] », *Correspondance, op. cit.*, t. I, p. 95. Cette lettre est parfois datée de septembre 1886.

17. Lettre de Dick May à Lionel Dauriac, 14 mai 1897, f. 928-929.

18. Lettre de Dick May à Lionel Dauriac, 7 juin 1897, f. 933-934.

19. Lettre de Dick May à Albert Carré, 9 juin 1891, BnF, Papiers Paul Delair, Ms. 14. 821/6.

20. Lettre de Dick May à Gabriel Tarde, 4 juin 1897.

21. D'Indy était lié par alliance aux Chambrun, son père ayant épousé en secondes noces une des cousines germaines maternelles du comte de Chambrun (voir lettre inédite du comte de Chambrun à Robert Pinot, « Nice 28 Mars 1896 », archives du Cédias-Musée social).

22. Voir lettre de Dick May à Lionel Dauriac, 7 septembre 1896, f. 922.

23. Dick May, « L'École des hautes études sociales. Les origines », in *L'École des hautes études sociales. 1900-1910*, Paris, Alcan, 1911, p. 2.

24. Elle n'invite même pas son amie Louise Renard, qui intervient par contre à l'École libre des sciences politiques… Très peu de dames font des conférences à l'École des hautes études sociales. En 1907-1908, Pauline Kergomard intervient sur « L'éducation à l'école maternelle », sujet réputé féminin. Mathilde Salomon et Clarisse Coignet siègent au conseil de direction de l'École des hautes études sociales à sa création ; elles figurent à certaines dates au conseil d'administration. Dans les années 1910, Dick May a une secrétaire, Marguerite Baudry.

25. Lettre de Dick May à Georges Renard, 7-9 décembre 1896, f. 496-497.

26. « L'École des Journalistes », *Le Monde illustré*, 15 décembre 1900, p. 393.

27. Fernand Hauser, « La mort tragique de Dick May », *Le Journal littéraire*, 22 août 1925, p. 2.

28. Terry Nichols Clark, *Prophets and Patrons. The French University and the Emergence of the Social Sciences*, Cambridge, Harvard University Press, 1973, p. 52.

29. Ce mot mallarméen donne son titre à l'ouvrage de François Azouvi, *La Gloire de Bergson. Essai sur le magistère philosophique*, Paris, Gallimard, 2007.

30. Voir Sébastien Mosbah-Natanson, *Une « mode » de la sociologie : publications et vocations sociologiques en France en 1900*, Paris, Classiques Garnier, 2017.

31. Henri Hauser, *L'Enseignement des sciences sociales : état actuel de cet enseignement dans les divers pays du monde*, Paris, A. Chevalier-Marescq & Cie, 1903, p. 7-8.

32. Lettre de Dick May à Georges Renard, 8 avril 1900, f. 542.

33. H. Hauser, *L'Enseignement des sciences sociales…*, *op. cit.*, p. 16. Ailleurs dans le volume, Hauser reconnaît cependant que l'École des hautes études sociales représente « le plus sérieux effort qui ait été fait et qui puisse actuellement être fait, par une institution non d'État, pour organiser en France l'enseignement des sciences sociales » (*ibid.*, p. 210).

34. Dick May, recension du livre d'Henri Hauser, *L'Enseignement des sciences sociales…*, *ibid.*, *Revue internationale de l'enseignement*, t. 44, juillet-décembre 1902, p. 569-571.

35. Lettre de Dick May à Jane Misme, 16 décembre 1898.

36. « Petits fours », art. cit. ; « Premier amour », supplément littéraire du *Figaro*, 18 octobre 1890, p. 1-2 ; « Les Étrennes de la Marquise. Conte du nouvel an », art. cit., p. 41-52.

37. « Diplômée », *Revue de famille*, 1er novembre 1890, p. 253-261, republié ensuite dans plusieurs périodiques ; « Sursis d'appel. Autobiographie de Claude Masson », *La Quinzaine*, 15 juillet 1897, p. 227-242.

38. Ce texte paraîtra en livraisons dans *La Liberté*, du 11 janvier 1896 au 12 mars 1896, p. 2.

39. R. Barthes, « Préface inachevée pour le Livre de Poche », in *Marcel Proust. Mélanges*, *op. cit.*, p. 135.

40. Les proses journalistiques de Proust sur les salons ont été rééditées par Jérôme Picon *in* Marcel Proust, *Écrits sur l'art*, Paris, Flammarion, « GF », 1999.

41. Lettre de Dick May à Gabriel Tarde, 30 juin [1899].

42. Lettre de Dick May à Jane Misme, 16 décembre 1898. Voir aussi la lettre de Dick May à Gabriel Tarde, 8 avril 1898.

43. La marquise avait « pri[s] l'habitude, sur le conseil de Gambetta, de ne recevoir chez elle aucune femme » (Gérard Baal, « Un salon dreyfusard, des lendemains de l'Affaire à la Grande Guerre : la marquise Arconati-Visconti et ses amis », *Revue d'histoire moderne et contemporaine*, juillet-septembre 1981, p. 436).

44. Lettre de Dick May à Georges Renard déjà citée, 7-9 décembre 1896.

45. Lettre de Dick May à Henri La Fontaine, 25 février 1901, HLF 059/1B/6.

46. G. Timmory, « Autour d'une tasse de thé ! », *Le Siècle*, 2 juin 1903, p. 1.

47. R. P. Dom Besse, *Les Religions laïques*, *op. cit.*, p. 220-221. Le salon de Madame de Staël est évoqué p. 116, dans le chapitre « Infiltrations protestantes ».

48. Lettre de Dick May à Gabriel Tarde, 29 [avril 1900]. Carte de visite de Dick May à Marcel Schwob, s. d., BnF, département des arts du spectacle, Mn-87(3).

49. Lettre de Dick May à André Antoine déjà citée, 8 novembre 1911.

50. Lettre de Dick May à André Antoine, 25 janvier 1915.

51. Lettre de Dick May à André Antoine, 28 juillet 1914.

52. Voir la lettre de Dick May à Georges Renard, 15 avril [1900], f. 367 : « Millerand nous doit cela, franchement, quand je pense que nous voilà tous assez ministériels pour avoir avalé, ou feint d'avaler la décoration de Paquin. »

53. Dick May, « Le carnet d'une vendeuse », *La Quinzaine* [paraît le 1er et le 16 de chaque mois], n° 109, 1er mai 1899, p. 68-91.

54. Lettre de Dick May à André Antoine, 2 décembre 1914.

55. « Charité », *Le Figaro*, 20 décembre 1915, p. 3.

56. « Communiqués », *Le Figaro*, 6 février 1916, p. 3.

57. « Communiqués », *Le Figaro*, 1er mai 1916, p. 4.

58. Lettre de Dick May à André Antoine, 8 novembre 1914.

59. G. Weill, « Quelques mots sur ma famille et sur ma vie », *op. cit.*

## La petite sœur de Durkheim

1. G. Weill, « Quelques mots sur ma famille et sur ma vie », *ibid.*

2. Jeanne Maurice Pouquet, mariée à Gaston Arman de Caillavet, entretient la mémoire de sa belle-mère dans *Le Salon de Madame Arman de Caillavet*, préface de Gabriel Hanotaux, Paris, Hachette, 1926. Il y est notamment question de Marcel Proust, qui fréquentait ce salon, dont les habitués lui

inspireront certains traits de Madame Verdurin (Madame Arman de Caillavet), de Gilberte Swann (Jeanne Pouquet, connue jeune aux jardins des Champs-Élysées) et de Mademoiselle de Saint-Loup (Simone, la fille que Jeanne Pouquet eut avec Gaston Arman de Caillavet).

3. Sur cette collection, voir Marcia Consolim, « La Bibliothèque générale des sciences sociales (1898-1913) : sciences et engagement », *in* Laurence Dahan-Gaida (dir.), *Circulation des savoirs et reconfiguration des idées. Perspectives croisées : France-Brésil*, Villeneuve-d'Ascq, Presses universitaires du Septentrion, 2016, p. 299-321. Cet article, traduit en français par Patricia Vogel, avait été publié en version originale sous le titre « A Bibliothèque générale des sciences sociales (1898-1913) : engajamento e posição disciplinar », *in* Helenice Rodrigues da Silva (dir.), *Circulação das ideias e reconfigurações dos saberes*, Blumenau, Edifurb, 2014, p. 169-193.

4. Lettre de Dick May à Louise Renard, 4 décembre 1892, f. 416.

5. Lettre de Dick May à Gabriel Tarde, 8 mars 1898.

6. Lettre de Dick May à Georges Renard, 6 mai 1899, f. 524-525, et lettre de Dick May à Jane Misme, « mardi 21 » [entre juin 1899 et août 1900].

7. Ernest Tarbouriech, *La Responsabilité des accidents dont les ouvriers sont victimes dans leur travail. Histoire, jurisprudence et doctrine, bibliographie, travaux parlementaires jusqu'à la date du 24 mars 1896*, Paris, Giard et Brière, 1896, p. VII.

8. Lettre du comte de Chambrun à Ernest Lavisse, 15 juin 1894, f. 346.

9. Clin d'œil au livre de Bernard Kalaora et Antoine Savoye, *Les Inventeurs oubliés. Le Play et ses continuateurs aux origines des sciences sociales*, Seyssel, Champ Vallon, 1989.

10. Lettre de Dick May à Eugène Fournière, 25 juillet 1903, IFHS 458.

11. Lettre de Robert Pinot au comte de Chambrun, 30 novembre 1895, archives du Cédias-Musée social. Nous avons ajouté quelques accents manquants et corrigé les fautes d'orthographe. Théophile Funck-Brentano, intellectuel d'origine luxembourgeoise, apparaît souvent comme le fondateur du Collège libre des sciences sociales, alors qu'il a simplement accompagné Dick May, à l'origine du projet.

12. Lettre de Dick May à Gabriel Tarde, samedi 24 ? [février 1900]. La datation est imprécise, Dick May ayant corrigé le chiffre, le rendant difficilement lisible.

13. Gabriel Tarde, « Leçon d'ouverture d'un cours de philosophie moderne », *Revue internationale de sociologie*, 8e vol., 1900, p. 165-181.

14. « Il ne faut pas oublier que je suis fils de rabbin », aurait répété Durkheim à ses confrères de *L'Année sociologique* ; Jean-Claude Filloux a fait de cette déclaration le titre d'un article sur la relation de Durkheim au judaïsme (*Revue française de sociologie*, avril-juin 1976, vol. 17, n° 2, p. 259-266). Filloux s'appuie sur Harry Alpert, *Emile Durkheim and his sociology* (1939), et sur le témoignage d'Henri Lévy-Bruhl. Il développe son hypothèse dans « Naissance d'un projet », premier chapitre de *Durkheim et le Socialisme* (Genève, Droz, 1977, p. 5-42).

15. Michel A. Weill, *La Morale du judaïsme*, Paris, A. Franck, t. I, 1875, et t. II, 1877, ici t. I, p. 386.

16. Victor Karady, « Les intellectuels juifs et les sciences sociales. Esquisse d'une problématique », *in* Johan Heilbron, Rémi Lenoir et Gisèle Sapiro (dir.), *Pour une histoire des sciences sociales. Hommage à Pierre Bourdieu*, Paris, Fayard, 2004, p. 165. Dans cet article, l'auteur rappelle que, en l'absence de statistiques, on ne peut systématiser d'« orientation préférentielle des

chercheurs juifs vers les disciplines sociologiques » (p. 160). Il conclut que « [l'] intérêt privilégié pour les sciences sociales que l'on postule chez les juifs relève [...] de variables externes, indépendantes des déterminations internes qui pourraient tenir à la condition juive [...] » (p. 167). Pour son prédécesseur René König, les discriminations souffertes par les juifs les auraient placés dans une position de marginalité entraînant un recul critique sur la société, propice à la sociologie (René König, « Die Juden und die Soziologie », in *Studien zur Soziologie*, Francfort-sur-le-Main, 1971, p. 123-136). Plus récemment, Dirk Kaesler a souligné la nécessité de désessentialiser le préjugé de la « marginalité » des intellectuels juifs, en en distinguant les variantes (« La sociologie : une secte juive ? Le judaïsme comme milieu d'émergence de la sociologie allemande », traduit par Céline Trautmann-Waller, *Revue germanique internationale*, n° 17, 2002, p. 95-110).

17. Lettre de Dick May à Eugène Fournière, 8 avril [1900], IFHS 478.

18. Émile Durkheim, *L'Éducation morale*, avertissement de Paul Fauconnet, Paris, Alcan, 1925, p. 177.

19. Léon Bourgeois, *Solidarité*, Paris, A. Colin, 1896. Le Parti radical adoptera officiellement la doctrine solidariste en 1908. L'École des hautes études sociales a accueilli en 1901-1902 la série d'interventions qui sera réunie sous le titre *Essai d'une philosophie de la solidarité. Conférences et discussions présidées par MM. Léon Bourgeois [... et] Alfred Croiset*, Paris, Alcan, « Bibliothèque générale des sciences sociales », 1902.

20. De son aveu même, « la question qui a été à l'origine de ce travail, c'est celle des rapports de la personnalité individuelle et de la solidarité sociale » (Émile Durkheim, *De la division du travail social*, thèse présentée à la Faculté des lettres de Paris, Paris, Alcan, 1893, p. IX). Pierre Birnbaum souligne « le très grand nombre de références à l'Ancien Testament que Durkheim cite particulièrement pour décrire des exemples de la solidarité mécanique » dans ce livre (*Géographie de l'espoir. L'exil, les Lumières, la désassimilation*, Paris, Gallimard, 2004, p. 100). P. Birnbaum est frappé, de manière plus générale, « par l'extrême attention que Durkheim prête aux textes sacrés du judaïsme, par son étonnante connaissance, par sa lecture minutieuse [...], par le silence absolu des meilleurs commentateurs de l'œuvre de Durkheim sur ces nombreuses pages qui témoignent de sa connaissance intime de ces textes religieux » (*ibid.*, p. 103).

21. Émile Durkheim, *Le Suicide. Étude de sociologie*, Paris, Alcan, 1897, p. 159.

22. Psaumes 45,17 ; cité par Michel Aaron Weill dans sa dédicace de *La Morale du judaïsme* « À M. le baron Alphonse de Rothschild, Président du Consistoire israélite de France », *op. cit.*, t. I.

23. Voir Matthieu Béra, « David, Émile. Les ambivalences de l'identité juive de Durkheim », *Durkheimian Studies/Études Durkheimiennes*, vol. 17, 2011/1, p. 129.

24. La citation est tirée de la « Présentation » à Émile Durkheim, *Lettres à Marcel Mauss*, introduction de Philippe Besnard et Marcel Fournier, Paris, PUF, 1998, p. 16, mais l'idée est formulée par d'autres chercheurs.

25. É. Durkheim, *Lettres à Marcel Mauss*, *ibid.*, p. 119. Durkheim lui-même parle de « communisme familial ». Voir lettre d'É. Durkheim à M. Mauss, [Juin ? 1905], *ibid.*, p. 355.

26. Lettre de Dick May à Louise Renard, 8 septembre 1893, f. 432-433. L'évaluation des bacheliers se faisait grâce à un système de boules colorées, le rouge représentant un avis favorable.

27. Lettre de Dick May à Louise Renard, 15 mai 1894, f. 452-453.

28. P. Lasserre, *La Doctrine officielle de l'Université*, *op. cit.*, p. 358.

29. S. n., « Une École bien française », *La Revue critique des idées et des livres*, 1er octobre 1908, p. 358.

30. R. P. Dom Besse, *Les Religions laïques*, *op. cit.*, p. 227, 229 et 230.

31. Édouard Drumont, *La France juive : essai d'histoire contemporaine*, Paris, C. Marpon & E. Flammarion, 1886, t. I, p. 127. Bien que le patronyme soit orthographié « Weil », l'identification ne fait pas de doute.

32. Voir *Retour sur la « révélation » de Durkheim*, dossier des *Études Durkheimiennes* (vol. 26, 2022/1) coordonné par Matthieu Béra.

33. « Deuxième lettre de M. Durkheim. Paris, le 8 novembre 1907 », réponse à Simon Deploige « à propos du conflit de la morale et de la sociologie », *Revue philosophique de Louvain*, vol. 14, n° 56, 1907, p. 613.

34. Lettre de Théodore Reinach à Marcel Mauss, 7 juin 1903, archives du Collège de France, fonds Marcel Mauss-Henri Hubert, 57 CDF 87-26. Voir aussi la lettre d'Henri Hubert à Salomon Reinach, 19 mai 1903, archives de la Bibliothèque Méjanes, Aix-en-Provence, boîte 84.

35. Marcel Fournier, *Émile Durkheim. 1858-1917*, Paris, Fayard, 2007, p. 183.

36. Lettre de Dick May à Eugène Fournière, 29 décembre 1898, IFHS 449.

37. Lettre de Dick May à André Antoine, 3 octobre [1912]. Dick May réitère sa demande dans une lettre au même, 22 avril [1914].

38. Lettre de Dick May à Lionel Dauriac, 19 juillet 1897, f. 939.

39. Christophe Charle, « Le beau mariage d'Émile Durkheim », *Actes de la recherche en sciences sociales*, n° 55, 1984, p. 48.

40. Lettre d'Émile Durkheim à Marcel Mauss, février 1902, publiée dans Émile Durkheim, *Lettres à Marcel Mauss*, *op. cit.*, p. 317.

41. Lettre de Dick May à Louise Renard, 16 janvier 1897, f. 507.

42. Lettre de Dick May à Louise Renard, 7 janvier 1893, f. 417.

43. Lettre de Dick May à Louise Renard, 8 juillet 1895, f. 483.

44. Lettre de Dick May à Georges Renard, 18 février 1897, f. 508.

45. Michelle Perrot, « Pratiques de la mémoire féminine », *Traverses*, n° 40, numéro spécial « Théâtres de la mémoire », avril 1987, repris dans *Les Femmes ou les Silences de l'histoire*, nouvelle édition, Paris, Flammarion, « Champs histoire », 2020, p. 48.

46. Hubert Bourgin, *De Jaurès à Léon Blum. L'École normale et la politique*, Paris, Fayard, 1938, p. 219.

47. Lettre de Dick May à Jane Misme, 4 octobre 1898.

48. Lettre de Dick May à Gabriel Tarde déjà citée, 20 avril 1900.

49. Lettre de Dick May à Gabriel Tarde, 28 septembre 1903.

50. Georges Weill, *De Gulielmi Postelli vita et indole, Lutetiae Parisiorum*, Paris, Hachette, 1892, traduit en français et mis à jour par François Secret sous le titre *Vie et caractère de Guillaume Postel*, Milan, Archè, 1987.

51. Julian Wright, « Les réformistes au secours d'une femme en deuil. Une petite histoire de réseaux et de recherches socialistes à la veille de la Grande Guerre », *Cahiers Jaurès*, n° 200, 2011, p. 163-172.

52. Lettre de Dick May à Louise Renard du 8 juillet 1895, f. 483.

53. Lettre d'Émile Durkheim à Célestin Bouglé du 21 juillet 1900, textes inédits ou inconnus d'Émile Durkheim réunis par Philippe Besnard, *Revue française de sociologie*, vol. 17, n° 2, avril-juin 1976, p. 178.

54. L'intitulé exact est « Science de l'éducation et sociologie ».

55. Lettre d'Émile Durkheim à Marcel Mauss, 18 juin 1894, dans *Lettres à Marcel Mauss*, *op. cit.*, p. 35-36.

56. Lettre de Dick May à Louise et Georges Renard, 11 octobre 1895, f. 488.

57. Lettre de Durkheim à Marcel Mauss, avril-mai 1899, in *Lettres à Marcel Mauss*, *op. cit.*, p. 215.

58. Voir Matthieu Béra, « Durkheim et la sociologie, par la petite porte de la Sorbonne ? », intervention au colloque *Durkheim au Collège de France*, 6 juin 2019, en ligne sur https://www.college-de-france.fr/fr/agenda/colloque/durkheim-au-college-de-france/durkheim-et-la-sociologie-par-la-petite-porte-de-la-sorbonne-0

59. Gustave Lanson, conférence donnée à l'École des hautes études sociales le 29 janvier 1904, publiée dans « L'histoire littéraire et la sociologie », *Revue de métaphysique et de morale*, juillet 1904, p. 621-642. Significativement, cette conférence est hébergée par l'École sociale (cycle « Rapports de la sociologie avec les différentes sciences sociales et les disciplines auxiliaires ») et non l'École d'art.

60. Dick May, « L'École des hautes études sociales. Les origines », in *L'École des hautes études sociales. 1900-1910*, *op. cit.*, p. 1.

61. Cette introduction a été reconstituée sous la forme d'une performance en juin 2007 (recherche d'Eduardo Viana Vargas ; script corédigé par lui, Bruno Latour, Bruno Karsenti, Frédérique Aït-Touati et Louise Salmon ; mise en scène de Frédérique Aït-Touati) lors du colloque de Cerisy sur la métaphysique empirique. Une version en a été filmée par Martin Pavlov à Paris, avec Dominique Reynié dans le rôle du doyen Croiset.

62. Voir les analyses de Frédérique Aït-Touati *in* « Reprise du débat Tarde-Durkheim décembre 1903 », 23 juin 2008, p. 16-17. Document en ligne sur le site www.bruno-latour.fr

63. Charles Seignobos, *La Méthode historique appliquée aux sciences sociales*, Paris, Alcan, « Bibliothèque générale des sciences sociales », 1901.

64. Lettre de Dick May à Henri La Fontaine, 28 novembre 1900, HLF 059/1B/38 ; lettre de Dick May à Henri La Fontaine, 25 février 1901, HLF 059/1B/6.

65. Gabriel Monod, « Michelet, de 1843 à 1852. Leçon d'ouverture du Cours d'Histoire générale et de Méthode historique au Collège de France (10 décembre 1908) », *Revue de synthèse historique*, t. XVII, août-décembre 1908, p. 261-272.

66. Camille Creyghton, *Résurrections de Michelet. Politique et historiographie en France depuis 1870*, Paris, Éditions de l'EHESS, 2019, p. 114.

67. Dick May, « Les *Nouvelles Conclusions sociologiques du comte de Chambrun* », *L'Estafette*, 5 décembre 1893, p. 2.

68. Gabriel Tarde, leçon faite au Collège de France le jeudi 8 mars 1900, reprise dans « Leçon d'ouverture d'un cours de philosophie moderne », art. cité, p. 173.

69. Alfred Espinas, « L'agrégation de philosophie », *Revue internationale de l'enseignement*, 15 juin 1884, p. 591.

70. Julian Wright, « After the Affair : The Congrès de la jeunesse and Intellectual Reconciliation in 1900 », *French History*, vol. 23, n° 4, novembre 2009, p. 491-516.

## Bons offices

1. Anne Martin-Fugier, *La Place des bonnes. La domesticité féminine à Paris en 1900*, Paris, [Grasset & Fasquelle, 1979], Librairie générale française, « Le Livre de Poche. Biblio essais », 1985, p. 268.

2. R. de Montesquiou, « Purgonde », *op. cit.*

3. Une nourrice en compagnie du jeune Marcel Proust, photo-carte par Semetay (91 x 56 mm), Étude Ader-Tajan, vers 1875. Reproduite dans le catalogue de la vente Jacques Guérin n° 7, en date du 25 mai 1992, lot n° 47.

4. Lettre autographe signée de Jeanne Proust, passée en vente le 6 mars 2014 à Drouot-Richelieu (par Tessier-Sarrou) dans le lot n° 100, comportant également une recommandation de Marcel Proust pour la même domestique. Voir https://www.bibliorare.com/lot/17919/

5. Voir la lettre de Marcel Proust à sa mère, « [Le samedi soir 6 décembre 1902] », *Correspondance*, *op. cit.*, t. III, p. 190-191, où Marcel cite une phrase de cette dernière : « "je n'ai pas pu dormir la nuit dernière parce que les domestiques se sont couchés à onze heures". Je voudrais bien que cela soit ça qui m'empêche de dormir ! » (p. 190).

6. Marcel Proust, *Le Temps retrouvé*, in *À la recherche du temps perdu*, Paris, Gallimard, « Bibliothèque de la Pléiade », 1989, t. IV, p. 446.

7. Céleste Albaret évoque à la fois « une courtepointe en satin rouge, dont il ne s'était jamais servi depuis des années et des années qu'il l'avait, et qui était un cadeau d'une petite femme de chambre de ses parents, Marie, qui était très jolie et qui avait été un de ses amours quand il était encore jeune homme : c'était elle qui l'avait faite et la lui avait envoyée » (*Monsieur Proust*, *op. cit.*, p. 63), et « un couvre-pieds campagnard, piqué, avec des fleurs de pommiers, jaunes sur fond rouge, qu'il avait vu à Céline, quand le ménage Cottin logeait boulevard Haussmann, et qu'il lui avait demandé de lui vendre, tant il le trouvait joli à cause des fleurs de pommiers – elles lui rappelaient les étés de son enfance, à Illiers » (*ibid.*, p. 87). Chez certains commentateurs, les deux exemples semblent se confondre.

8. Témoignage de son arrière-petite-fille Micheline Triomphe, conversation téléphonique avec Sarah Al-Matary, 1er février 2017.

9. Lettre de Dick May à Henri La Fontaine, 26 avril 1920, HLF 059/1B/42.

10. Lettre de Dick May à Maurice Wilmotte, 9 février 1920, Ms. III 348/128-3.

11. *Ibid.*, 4 janvier [1921], Ms. III 348/128-2.

12. Lettre de Dick May à André Antoine, 31 janvier [1921].

13. Lettre de Dick May à Henri La Fontaine, 23 septembre [1904], HLF 059/1B/53.

14. Dick May, *L'Affaire Allard*, *op. cit.*, p. 46.

15. Dick May, « L'éducation ménagère », *La Revue philanthropique*, 10 avril 1898, p. 839 et 840.

16. A. Martin-Fugier, *La Place des bonnes…*, *op. cit.*, p. 375-376. Ces écoles de servantes seront finalement « des échecs, comme le reconnaît elle-même Moll-Weiss en 1927 » (*ibid.*, p. 377).

17. Lettre de Dick May à Maurice Wilmotte, 4 janvier [1921], Ms. III 348/128-2.

18. Lettre de Dick May à Charles Péguy, « Samedi matin », [21 mai 1904], CORCQ-IV-29 Inv 1657.

19. Lettre d'André Bourgeois à Charles Péguy, 23 août 1906, CORCQ IV-14 (n° inventaire 803). La proximité entre l'École des hautes études sociales, située au 16, rue de la Sorbonne à Paris, et la boutique des *Cahiers*, sise au numéro 8, explique cet échange de bons procédés.

20. Lettre de Dick May à Charles Péguy, « samedi » [1906 ?] (CORCQ-IV-29 Inv 1678).

21. Marcel Proust désignait fréquemment Céleste Albaret de la sorte. C'est ainsi qu'il lui dédicace un volume réunissant *Le Côté de Guermantes II* et *Sodome et Gomorrhe I*.

22. Laure Hillerin, *À la recherche de Céleste Albaret. L'enquête inédite sur la captive de Marcel Proust*, Paris, Flammarion, 2021, p. 254.

23. Expression d'Odilon Albaret, chauffeur de Marcel Proust et mari de Céleste, rapportée par leur fille Odile, citée dans *ibid.*, p. 337.

24. Bonnie G. Smith, *Confessions of a Concierge. Madame Lucie's History of Twentieth-Century France*, New York, Yale University Press, 1985.

## Cendres

1. C'est l'hypothèse de C. Péchenard, dans *Proust et son père*, *op. cit.*, p. 359.

2. R. Barthes, fiche 33, in *Marcel Proust. Mélanges*, *op. cit.*, non paginé.

3. La « présence d'une tierce personne – mari, mère, sœur... – destinée à contrôler la bonne moralité du médecin et à assister la malade » était courante (Elsa Nicol, « Face aux cancers féminins : dévoiler et porter le fer (XIXe siècle) », *Histoire, médecine et santé*, 2012/1, en ligne) ; on imagine qu'en tant que praticien Adrien Proust était d'autant plus impliqué dans le suivi de son épouse.

4. R. [René] Moricard, « Nécrologie. Le Professeur Robert Proust », *Revue française de gynécologie et d'obstétrique*, 1935, p. 674.

5. Pierre Darmon, « Le cancer : prise de conscience collective et genèse d'une grande peur », *Histoire, économie et société*, vol. 5, n° 4 (4e trimestre 1986), p. 594 et 592.

6. Lettre de Dick May à Gabriel Tarde, [mai 1901].

7. Lettre de Dick May à André Antoine, [fin juillet-fin août 1913]. Cette lettre date du 25 juillet, du 7 ou du 14 août 1913, Pauline Verdavoine étant sortie de la clinique le 30 juillet, pour y être de nouveau admise entre le 6 et le 18 août, et subir une autre intervention le 29 du même mois [notes autographes de P. Verdavoine sur le traitement de son cancer, BnF, département des arts du spectacle, 4-COL-113 (7551)].

8. « Deuil », *Le Figaro*, 29 septembre 1905, p. 2.

9. « Nécrologie », *L'Univers*, 28 septembre 1905, p. 3.

10. M. Proust, « La mort de Baldassare Silvande vicomte de Sylvanie », nouvelle des *Plaisirs et les Jours* précédant *Jean Santeuil*, *op. cit.*, p. 9-10.

11. Robert Vigneron, « Marcel Proust ou l'angoisse créatrice », *Modern Philology*, vol. 42, n° 4, mai 1945, p. 215.

12. Marcel Proust, *Le Carnet de 1908*, établi et présenté par Philip Kolb, in *Cahiers Marcel Proust*, Paris, Gallimard, « NRF », 1976, p. 47.

13. Ferrari, « Deuil », *Le Figaro*, 27 septembre 1905, p. 2.

14. Fernand Hauser, « Mort tragique de Mme Dick May dans les Alpes de Savoie », *Le Journal*, 18 août 1925, p. 1-2.

15. Lettre de Dick May à Louise Renard déjà citée, 15 mai 1894, f. 452.

16. Lettre de Dick May à Gabriel Tarde, 23 avril 1897.

17. Lettre de Dick May à Maurice Wilmotte, 24 [juillet 1923], Ms. III 348/128-1.

18. Lettre de Dick May à Lionel Dauriac, 11 janvier 1897, f. 926.

19. Lettre d'Henriette Weill à Louise Renard déjà citée, 21 août [1900], f. 550-551.

20. Dick May, *Mère*, *op. cit.*, acte I, scène 1, p. 8.

21. Dick May, *La Courroie sans fin*, *op. cit.*, acte I, scène 13, premier fascicule, p. 73.

22. Lettre de Dick May à André Antoine, 13 juin 1913.

23. Lettre de Dick May à Louise Renard, 4 mars 1894, f. 446-447.

24. Lettre de Dick May à Gabriel Tarde, 31 décembre 1897.

25. *Ibid.*, 8 avril 1898.

26. Lettre de Dick May à Henri La Fontaine, 7 février 1902, HLF 059/1B/19.

27. Lettre de Dick May à Maurice Wilmotte, 19 février [1923], Ms. III 348/128-7.

28. Lettre de Dick May à Gabriel Tarde déjà citée, 28 septembre 1903.

29. Courriel de Sandra Saïd (Archives de Paris) à Sarah Al-Matary, 16 août 2022.

30. Lettre de Dick May à Madame Fournière, 6 septembre [1914 ?], IFHS 505.

31. Beaucoup des fictions de Dick May évoquent le suicide. Doit-on y voir un simple motif romanesque ? Dans une lettre de Dick May à Henri La Fontaine (7 février 1902, Mundaneum, HLF 059/1B/19), une citation signale par ailleurs une fascination pour Hedda Gabler qui, obsédée par la possibilité de « finir en beauté » dans la pièce éponyme (1890) de Henrik Ibsen, se tire un coup de pistolet.

32. M. Perrot, « Pratiques de la mémoire féminine », art. cité, repris dans *Les Femmes ou les Silences de l'histoire*, *op. cit.*, p. 51.

33. Honoré de Balzac, *Le Père Goriot*, dernière page du roman.

34. Lettre de Dick May à Louise et Georges Renard, 5 octobre 1892, f. 406-407.

35. « Les obsèques de Mlle Dick May », *Le Petit Journal*, 26 août 1925, p. 2.

36. « La romancière Dick May meurt dans un accident de montagne », *L'Œuvre*, 18 août 1925, p. 5.

37. « La mort de Mlle Dick May », *Le Petit Parisien*, 18 août 1925, p. 2.

38. Programme de l'École des hautes études sociales pour l'année 1925-1926, Mission Archives, Sciences Po, 1 SP 49 DR 5.

39. Le site présente, outre une courte biographie de Dick May illustrée de sa photographie (https://120ansdhistoire.wixsite.com/heip/heip-120-ans-d-histoire), « quelques grands noms du corps enseignant d'HEIP », parmi lesquels Charles Péguy et Émile Durkheim !



## Berthe disparue

1. Lettre de Dick May à Arvède Barine, 10 septembre 1889, BnF, département des manuscrits, NAF 18349, f. 107.

2. Bella Berthe Weill est née le 6 juin 1853 à Alger et décédée le 29 janvier 1946 à Paris (acte de naissance, Archives nationales d'outre-mer [ANOM], en ligne ; registre d'inhumation, Archives de Paris, février 1946, CPL_RJ19441946_01, vue 13/31, en ligne).

3. Dans la *Recherche*, le Narrateur n'a pas de frère. Diane de Margerie résume : « Il n'y aura pas, dans cette œuvre, d'autres enfants vivants » (*À la recherche de Robert Proust*, Paris, Flammarion, 2019, p. 13). Elle rappelle que *Contre Sainte-Beuve* inclut une allusion distanciée à Robert Proust : l'épisode « Robert et le chevreau » qui sera repris sous une autre forme dans la *Recherche*, « comme si, avec la fiction, l'aîné avait englobé le cadet dont il ne sera plus question » (*ibid.*, p. 15).

4. Marcel Proust avoue ainsi : « Je l'ai été jadis [jaloux] de mon propre frère, que j'aimais tendrement mais qui faisait de si bonnes études, lui veinard, cependant qu'avec ma santé intermittente, moi pauvre, je piétinais... » (René

Peter, *Une saison avec Marcel Proust. Souvenirs*, Paris, Gallimard, 2005, p. 130-131).

5. G. Weill, « Quelques mots sur ma famille et sur ma vie », *op. cit.*

6. Conversation téléphonique entre Micheline Triomphe et Sarah Al-Matary, 1er février 2017.

7. *Bulletin meusien. Organe du Groupement Fraternel des Réfugiés et Évacués Meusiens*, 23 novembre 1916, p. 2.

8. « Deuil », *L'Univers israélite*, 23 novembre 1917, p. 274-275.

9. Professeur, journaliste à ses heures, Sylvain Halff assiste le secrétaire général de l'Alliance israélite universelle à partir de 1910, avant de devenir en 1934 secrétaire de cette institution, qui conserve aujourd'hui ses archives. Il publie en 1921 chez Durlacher *La Fidélité française des Israélites d'Alsace et de Lorraine (1871-1918)* ; Georges Weill avait, lui, donné à Alcan en 1916 *L'Alsace française de 1789 à 1870*.

10. Voir par exemple *L'Univers israélite*, 23 juin 1916, p. 399. Cette annonce paraît au moins jusqu'au 11 janvier 1918 (p. 449).

11. Jeanne Halff est décédée à l'hôpital de la Salpêtrière le 28 novembre 1933 (Archives de Paris, registre des décès, 13e arrondissement, acte n° 4884, 70e feuillet, en ligne). Le certificat la dit veuve de Georges Armand Dreyfus.

12. Bertha Mason est l'épouse d'Edward Rochester dans *Jane Eyre* (1847) de Charlotte Brontë. Créole de la Jamaïque convoitée pour sa beauté, elle est rapatriée en Angleterre par son mari, qui la parque au troisième étage de son manoir, sous le prétexte qu'elle est folle. La romancière laisse planer le doute sur les désordres dont souffrirait Bertha. Le traitement que lui a réservé son mari n'explique-t-il pas son état ? Le personnage de Bertha se trouve, à plus d'un siècle de distance, au cœur du roman *La Prisonnière des Sargasses* (1966) de Jean Rhys, qui lui confère une voix et cherche à mieux comprendre son destin. Devenue un type et un mythe, la « folle du grenier » donne son titre en 1979 à un essai féministe de Sandra Gilbert et Susan Gubar, *The Madwoman in the Attic. The Woman Writer and the Nineteenth-Century Literary Imagination* (New Haven/Londres, Yale University Press, 1979). Pour nombre d'analystes, Bertha représente le retour du refoulé masculiniste et colonial. Comme Bertha Mason, Berthe Weill ne parle pas... Nous ne connaissons des fragments de son existence que médiatisés par d'autres individus.

13. S'inspirant de la typologie dressée par Sasha Weitman (« Prénoms et orientations nationales en Israël, 1882-1980 », *Annales. ESC*, 42e année, n° 4, 1987, p. 880-883), Cyril Grange compte « Bella » parmi les prénoms « diasporiques locaux », c'est-à-dire issus de dialectes utilisés par les juifs dans la diaspora (« Choix du prénom et acculturation... », art. cité, p. 77). En se fondant sur la même typologie, on peut ajouter que ce prénom se rapproche des « Universels hébreux [...] adoptés par les Gentils depuis si longtemps et devenus tellement courants parmi eux, qu'ils ne sont presque plus identifiés comme des noms juifs », « Bella » évoquant « Isabelle » (S. Weitman, « Prénoms et orientations nationales en Israël... », art. cité, p. 883). « Bella » plaisait aux familles assimilées souhaitant garder une trace discrète de leur judéité. Au nom de « Marie » donné par Durkheim à sa fille aînée en 1888 est ainsi joint celui de « Bella », en souvenir de Bela, la grand-mère paternelle du sociologue (la graphie du nom de cette dernière varie selon les documents).

14. Archives de l'AP-HP, registre des entrées, SAT/1/Q/2/222 (17 novembre 1945-15 avril 1946), p. 151.

15. Je m'inspire à la fois de « la petite sœur de Shakespeare » imaginée par Virginia Woolf dans *Une chambre à soi* (*op. cit.*) et de *La Petite Sœur de Balzac. Essai sur la femme auteur* par Christine Planté (Paris, Seuil, 1989, nouvelle éd. révisée avec une préface inédite de Michelle Perrot et une postface inédite de l'autrice, Lyon, Presses universitaires de Lyon, 2015).

## Le visible et l'invisible

1. Voir par exemple Titiou Lecoq, *Les Grandes Oubliées. Pourquoi l'Histoire a effacé les femmes*, préface de Michelle Perrot, Paris, L'Iconoclaste, 2021 ; *Autrices : ces grandes effacées qui ont fait la littérature*, t. I, *Du Moyen Âge au XVII*e *siècle*, textes choisis et présentés par Daphné Ticrizenis, illustrations de Marie Fré Dhal, préface de Titiou Lecoq, Marseille, Hors d'atteinte, 2022.

2. Pénélope Bagieu, *Culottées. Des femmes qui ne font que ce qu'elles veulent*, Paris, Gallimard, 2 t. (2016 et 2017, réédités en un seul en 2020). Prépubliée en 2016 sur un blog hébergé par lemonde.fr, cette bande dessinée a été traduite dans plusieurs langues et adaptée en série animée par France Télévisions (2020, trente épisodes). Elle a donné lieu à une exposition gare de Lyon à Paris, et à des produits dérivés.

3. Voir Françoise Vouillot, « Femmes et sciences : l'arbre qui cache la forêt », conférence enregistrée, 7 avril 2011, Paris, Bibliothèque nationale de France, 2011 ; Éric Dussert, *Cachées par la forêt*, préface de Cécile Guilbert, Paris, La Table Ronde, 2018.

4. Parmi l'offre, très abondante, citons : le Tumblr *Les Invisibilisées* créé en 2015 (https://invisibilisees.tumblr.com), qui a abouti au volume du collectif Georgette Sand *Ni vues ni connues. Panthéon, histoire, mémoire : où sont les femmes ?*, Paris, Hugo doc, 2017 ; le compte Twitter @Autrices_Invisi animé par Julien Marsay, lequel a depuis publié *La Revanche des autrices. Enquête sur l'invisibilisation des femmes en littérature*, Paris, Payot, 2022.

5. Vincent Genin, « Penser et périodiser l'histoire des laïcités avec Georges Weill », *Les Études sociales*, n° 173, 2021/1, p. 215.

6. Voir A. Compagnon, *Proust du côté juif*, *op. cit.*, p. 30-294.

7. Les actes antisémites sont en effet en recrudescence dans ces années, et le négationnisme se décomplexe. La version française du *Mein Kampf* de Hitler est précisément rééditée en 1978.

8. « À la recherche des profanateurs du tombeau de Proust », *France-Soir*, 14 novembre 1978, p. 3. Nous corrigeons une erreur de frappe. F. P., à *L'Aurore*, ironise de même : « Oh ! il s'agit de bien peu de choses [...], trois fois rien... » Il évoque comme possible explication « [u]ne bête vengeance d'un lecteur qui se serait endormi sur "À la recherche du temps perdu" ? », ajoutant : « Il existe des antiproustiens et on peut en rencontrer. Particulièrement en cette saison de distribution des prix littéraires... » (« Lèse-Proust au Père-Lachaise », 10 novembre 1978, p. 18).

9. Procès-verbal du 8 novembre 1878.

10. Dick May ne leur a pas fermé, en tout cas, la porte de son École des hautes études sociales, comme en témoigne la participation durable de Vincent d'Indy, lié par alliance aux Chambrun. Sur les antisémites que Marcel Proust tenait dans une plus grande proximité (Lucien et Léon Daudet, Paul Morand, entre autres), voir notamment le chapitre « Proust et ses amis antisémites. Entre admiration et désaveu » *in* P. Birnbaum, *Marcel Proust. L'Adieu au monde juif*, *op. cit.*, p. 167-222.

11. François Dubasque, *Jean Hennessy, 1874-1944. Argent et réseaux au service d'une nouvelle république*, préface de Bernard Lachaise, Rennes, Presses universitaires de Rennes, 2008, p. 154.

12. S.-A. Rozenblum, *Dick-May. Une femme architecte des savoirs*, *op. cit.*, p. 1.

13. Voir Joanna Russ, *How to Suppress Women's Writing* [1983] (*new edition with a new foreword by Jessa Crispin*), Austin, University of Texas Press, 2018.

14. *Madame Proust*, traduit en anglais, en allemand, en espagnol, en italien et en grec, a remporté le prix Renaudot de l'essai, le prix du Nouveau Cercle de l'Union, le prix du Cercle littéraire proustien.

15. Jeanne Proust, photographie ronde (15,9 cm de diamètre), retouchée par Nadar et contrecollée sur papier au nom du photographe, tirage argentique, 5 décembre 1904. Tampon de la collection de Madame Mante-Proust. Mise aux enchères : 1 200-1 500 €. Vente Autographes & Manuscrits, lot 94, 29 janvier 2021, salle Drouot-Richelieu. Expert : Emmanuel Lorient. Une prise identique est vendue 3 500 € depuis le 12 octobre 2021 par Le Manuscrit français sur le site d'Abebooks. Même description, avec ces précisions : « Infime tache en marge inférieure du carton, petit *[sic]* brunissure. Timbre humide de la collection [Suzy] Mante-Proust au verso. [...] Provenance : Famille Proust-Suzy Mante-Proust (fille unique de Robert Proust), par descendance – Patricia Mante-Proust (petite-fille de Suzy Mante-Proust), par descendance. »

16. Jeanne Proust, lettre autographe non signée à son fils Marcel, mercredi 2 heures [21 octobre 1896], Sotheby's, 19 juin 2014, lot 07.

17. Félix Mendelssohn, *Le Songe d'une nuit d'été*, Paris, Ikelmer, [vers 1868]. Grand in-4 (340 x 164 mm). Toile chagrinée verte, titre doré sur le dos, initiales « JP » poussées au centre du plat supérieur (*Reliure après 1870*). *Petites rousseurs et traces d'usage*. [...] La page de garde porte cette annotation de Jacques Guérin : « *Partition de Jeanne Proust, mère de Marcel Proust, donnée par Mme Robert Proust 1935 [*sic*]* », lot 2082, vendu le 11 mai 2021, estimé 1 500-2 000 euros, adjugé 2 520 euros.

18. *Correspondance de Proust avec sa mère*, livre accompagné de 5 CD, textes lus par Catherine Salviat et Guillaume Gallienne, Paris, Éd. Thélème, 2009.

19. Lettre de Dick May à un expéditeur inconnu sur papier à en-tête « ROMA. 1911. ESPOSIZIONE. INTERNAZIONALE. 1911. ROMA », 21 avril 1911, mise en vente sur eBay par laon-collections.

20. M. Proust, *Le Temps retrouvé*, *op. cit.*, p. 445.

# TABLE DES ILLUSTRATIONS

## REMERCIEMENTS

Sous le titre *FAME. L'héritage des deux Jeanne Weil(l)*, une première version de ce livre a été présentée à l'université Sorbonne-Paris-Nord en vue d'une habilitation à diriger des recherches. Elle accompagnait l'édition critique de la correspondance générale de Dick May (plus de huit cents courriers, pour la plupart inédits). Je remercie de sa confiance Denis Pernot, garant de cette HDR. Ma gratitude va aussi aux membres du jury qui ont accepté de lire cet essai et d'en débattre : Jérôme David, Nicolas Mariot, Laure Murat, Marie-Ève Thérenty, Ivan Jablonka. Ce dernier a une place à part : il me guide depuis plusieurs années sur les chemins de traverse qu'il a dégagés, m'encourageant à risquer une histoire avec des « je », avec des « Jeanne ».

Mes recherches ont bénéficié d'un semestre de CRCT et des excellentes conditions de travail offertes par l'Institut universitaire de France. J'ai en outre toujours pu compter sur le soutien de mon laboratoire, l'Institut d'histoire des représentations et des idées dans les modernités (IHRIM) dirigé par Olivier Bara et Marina Mestre Zaragozà.

Le présent volume n'existerait pas sans l'aide du personnel des bibliothèques, centres de documentation et fonds d'archives. J'ai notamment fréquenté l'Alliance israélite universelle, les Archives de l'AP-HP, les Archives municipales de Nîmes, les Archives nationales, les Archives de Paris, la Bibliothèque historique de la Ville de Paris, la Bibliothèque interuniversitaire de la Sorbonne, la Bibliothèque Marguerite-Durand, la Bibliothèque Méjanes, la Bibliothèque nationale de France, la Bibliothèque polonaise de Paris, le Cédias-Musée social, le Centre Charles-Péguy à Orléans, le Centre d'Histoire de Sciences Po et la Mission archives de la même institution, le Collège de France, l'École normale supérieure de Paris, le Mundaneum de Mons, consulté le service des cimetières parisiens et PARhISTOIRE. Faute de pouvoir nommer chacun de mes interlocuteurs, j'aimerais adresser toute ma sympathie à Stéphanie Manfroid, du Mundaneum, qui conserve la belle photographie de Dick May à Flims imprimée dans cet ouvrage.

Mes meilleures pensées vont à Micheline et Pierre Triomphe ainsi qu'à Yvette Weber, qui m'ont transmis une copie du carnet que Georges Weill réservait à ses descendants, plusieurs documents et informations sur Dick May et les siens. J'ai la sensation de faire presque partie de la famille depuis que Catherine Triomphe et Sean Daly ont croisé leur arbre généalogique avec le mien ! Les compétences informatiques de Sean ont rendu cet arbre modélisable et publiable ; son aide m'a été très précieuse.

Le Cercle de la généalogie juive rend de fiers services. Jean-Paul Durand m'a indiqué la tombe d'Édouard Weill à Saint-Eugène, dernier cimetière des juifs d'Alger. Jean-Claude Rosenwald m'a permis de clarifier les rapports de Dick May avec les Otterbourg.

Nathalie Mauriac Dyer et Évelyne Bloch-Dano ont gentiment répondu à mes questions. Pierre Henry, grand amateur de correspondances, mérite plus qu'un *post-scriptum*. La Société des Amis de Marcel Proust et des Amis de Combray m'a accordé le droit de reproduire deux tableaux. J'ai pu y consulter avec profit Anne Imbert et Eric Unger.

Pedro Corrêa do Lago m'a généreusement offert les copies des deux instantanés de Jeanne Proust au salon.

À divers titres (un conseil méthodologique, une référence, une épaule, une bougie parfumée à la madeleine), j'ai disposé du soutien de Valérie Assan, Benoît Auclerc, Ludivine Bantigny, Miriam Begliuomini, Éric Belouet, Filippo Benfante, Matthieu Béra, Jean-Christophe Branger, Sandra Brée, Charlotte Brives, Catherine Bruant, Christophe Brun, Gilles Candar, Yannick Chevalier, Terry N. Clark, Michèle Clément, Nadja Cohen, René-Pierre Colin, Charles Coustille, Patrick Dombrowsky, Pierre Douet, Jean-Numa Ducange, Jacques-David Ebguy, Jeanne Ételain, Mélanie Fabre, Rafael Faraco Benthien, Federico Ferretti, Oriana Gatica-Demey, Vincent Genin, Willy Gianinazzi, Clément Girardi, Cyril Grange, Valentine Guillen-Viale, Guy Huard de Verneuil, Christian Joschke, Yannick Lageat, Laurie-Anne Laget, Diane Le Béguec, Sylvain Ledda, Lucien Mercier, Nina Metais, Christophe Moure, Eugenia Palieraki, Marie Peixoto, Christine Planté, Yann Potin, Abel Poucet, Siân Reynolds, † Patrice Rolland, Roland Roudil, Gilles Saint Arroman, Élisabeth Samama, Stephan Seiler, Julien Théry, Marianne Thivend, Christian Topalov, Cristina Trinchero, Nicolas Vieillescazes, Tristan Vigliano, Alexandre de Vitry, Julian Wright.

Un salut appuyé à Michel Prat et Antoine Savoye, ces éclaireurs.

Ma pleine reconnaissance à Stéphane Zékian, pour tous nos échanges.

J'espère prolonger sur le papier les pèlerinages entamés avec Omar Benlaâla.

Sans les discussions avec Jérémy Guedj sur les traductions de la Bible ou « l'Histoire avec sa grande Harissa », ces pages n'auraient pas la même saveur. Tout manquement à la *cacherout* m'est bien sûr imputable.

Qu'on cause sentiments, trauma colonial ou avantages comparés du « Pepito » et du « Granola », Bérénice Hamidi est indispensable sur tous les terrains.

Entièrement dévoué, Saleh est prêt à accompagner sa fille faire des photocopies un 31 décembre ou à lui faire un bandage de compétition pour soulager la tendinite. Jamais sans Anne-Marie... Avec la discrétion de celles à qui l'on doit tout, ma mère veille en permanence.

Ce livre ne pouvait qu'être dédié à une sœur.

Il était achevé depuis des mois quand une porte s'est ouverte : Éric se tenait là.

# TABLE

## Dans la même collection

Irène Théry
*Moi aussi*
*La nouvelle civilité sexuelle*
2022

Claire Richard
*Des mains heureuses*
*Une archéologie du toucher*
2023

Nicole Lapierre
*Le Plus Menteur d'entre nous*
2023

Eva Illouz, Dana Kaplan
*Le Capital sexuel*
2023

Constance Lagrange
*Le Canari*
2024

Ivan Jablonka
*Le Troisième Continent*
*ou la Littérature du réel*
2024

RÉALISATION : NORD COMPO À VILLENEUVE-D'ASCQ
IMPRESSION : NORMANDIE ROTO IMPRESSION S.A.S. À LONRAI
DÉPÔT LÉGAL : OCTOBRE 2024. N° 151950 (2403137)
IMPRIMÉ EN FRANCE